La semaine où Jérôme Kerviel a failli faire sauter le système financier mondial

DU MÊME AUTEUR

L'Espoir économique
La révolution du capitalisme français
LPM, 1998

No bank
L'incroyable histoire d'un entrepreneur de banlieue
qui veut révolutionner la banque
Les Arènes, 2013

Hugues Le Bret

La semaine où Jérôme Kerviel a failli faire sauter le système financier mondial

JOURNAL INTIME D'UN BANQUIER

Les Arènes

TEXTE INTÉGRAL

ISBN 978-2-7578-3799-3
(ISBN 978-2-35204-127-6, 1re publication)

« J'ai essayé de dessiner les choses aussi naïvement que possible, exactement comme je les voyais. [...] Ma vie, et peut-être la tienne également, après tout, n'est plus ensoleillée comme en ce temps-là ; je voudrais pourtant retourner sur mes pas précisément parce que je vois poindre quelque chose de précieux au sein de la peine et de l'adversité : la faculté d'exprimer cette sensibilité. »

Lettre de Vincent Van Gogh à son frère Théo

À tous ceux qui ont souffert de cette histoire

Prologue

J'ai toujours pensé que le capitalisme était le pire des systèmes à l'exclusion de tous les autres, comme le disait Churchill à propos de la démocratie. Aujourd'hui, je m'interroge.

L'affaire Kerviel est passée par là. J'étais aux premières loges. J'ai découvert le désastre le 20 janvier 2008 vers 13 heures en direct dans le bureau de Daniel Bouton, le P.-D.G. de la Société Générale, en même temps que lui, quatre jours avant d'être chargé d'en organiser l'annonce publique.

L'effondrement boursier de l'automne 2008 n'était pas encore advenu. À ce moment-là, qui paraît aujourd'hui si lointain, les marchés prenaient tout juste conscience de l'ampleur de la bulle immobilière liée au marché résidentiel américain, dit *subprime*. Beaucoup a été dit sur cette crise, la plus grave de l'histoire du capitalisme avec celle de 1929. Pendant plus d'une décennie, un cancer s'est développé au sein du système financier. L'économie mondiale a failli voler en éclats. Comme toute maladie, il n'y a pas de cause unique, mais une conjonction de facteurs antagonistes qui ont favorisé la prolifération de la tumeur : l'instantanéité procurée par la technologie, la mondialisation des transactions, l'explosion des volumes de crédit, la titrisation des créances, la prolifération des actifs illiquides, l'engrenage des bonus, les assurances sous forme de *credit default swaps*, la faiblesse des politiques, le laxisme des régulateurs, la superficialité des agences de notations. Cela aurait pu être beaucoup plus grave. Aujourd'hui, je ne suis pas sûr que le crabe ait cessé de ronger les entrailles de la finance.

La fraude de Jérôme Kerviel a été le signe précurseur de cet ébranlement. Un symptôme, terrible, que nous n'avons pas su lire à temps. Après, il était trop tard.

Repartir sur des bases plus saines, mieux réguler le crédit, les fonds d'investissements, les transactions hors marchés, faire porter davantage le risque par les banques et non par des syndications abstraites, désendetter les entreprises, faire face au mur de dettes des États qui engouffrent des centaines de milliards tous les ans, créer une véritable gouvernance européenne, procurer plus de capital aux acteurs économiques, tout reste à faire.

Ce n'est pas l'objet de ce livre. Mais c'est dans ce contexte que les choses se sont produites.

Personnellement, cela me fout la trouille.

Maintenant que nous avons ouvert la boîte de Pandore, que j'ai vu le système à nu, je sais qu'aucune digue, aucune banque, aucun État, aussi puissants soient-ils, ne résisteront à une panique généralisée. Je ne sais pas d'où viendra la prochaine crise, mais elle risque d'être plus gratinée encore que la catastrophe que nous avons évitée de justesse.

Je veux partager ici l'histoire que j'ai vécue. La plus grande fraude de tous les temps est née sous mes pieds.

J'ai attendu la fin du procès pour publier ce récit, alors qu'il est prêt depuis longtemps. Donner le sentiment de vouloir influer sur le cours des choses, prêter le flanc à des soupçons de calculs ou de billard à trois bandes ne m'intéressait pas. Je ne voulais pas faire de *quick book*, je ne voulais pas faire de *story-telling*. Il n'y a pas de vérité à rétablir. Les comptes sont soldés, la justice est passée. Chacun a payé, en *cash*, en réputation, dans sa chair ou devant un tribunal.

Cet ouvrage est une affaire personnelle. Je n'ai demandé la permission à personne avant de le publier. Je n'aurais tout simplement pas pu laisser l'histoire se terminer sans y apporter ma contribution.

Membre du comité exécutif de l'une des plus grandes banques mondiales, dégageant plus de cinq milliards d'euros de bénéfices, j'ai vécu un phénomène d'aveuglement progressif de toute une équipe, de tout un métier. Pourtant, j'avais lu *Seuls les paranoïaques survivent* d'Andrew Grove, le cofondateur d'Intel, qui érige « la peur intense » en clé du succès. La peur de se faire dépasser par la technologie, les concurrents ou le comportement des salariés. À la Société Générale, nous avions vécu cinq années de très forte croissance dans tous les domaines. Nous avions reçu le prix de Meilleure Banque du monde en 2006, remis par le magazine *Euromoney*. Nous recrutions plus de 5 000 personnes par an en France. Rien qu'à La Défense, nous étions mille de plus chaque année et la construction de notre troisième tour ne suffisait déjà plus.

Nous étions sûrs de nous.

Tout nous réussissait, mais en réalité nous avions progressivement perdu notre vigilance et développé une culture de la conquête et du profit plus forte que celle du contrôle, du doute et de la suspicion. Bien sûr, nous avions nos dizaines de *stress tests* réalisés régulièrement, mais fondés sur des données historiques, dont aucune n'avait l'amplitude qui s'est finalement produite et qui a failli tout emporter.

Bien sûr, nous cherchions en permanence d'où viendrait la prochaine crise. Ironie du sort, nous avions même fait intervenir l'essayiste Nassim Nicholas Taleb lors d'un séminaire à Prague, fin 2007, pour qu'il nous expose sa théorie du *Black Swan*, le cygne noir. Le titre de son best-seller est une parabole : avant la découverte de l'Australie, l'ancien monde était persuadé que les cygnes étaient blancs parce que tous les cygnes répertoriés par les naturalistes étaient blancs. Jusqu'à ce que l'on découvre un cygne noir.

Pour Taleb, l'esprit humain n'envisage comme possible que ce qu'il connaît. Or, la répétition d'un phénomène n'est pas un gage de prédiction du futur. Nassim Nicholas Taleb a consacré sa vie à l'étude de la chance, de l'incertitude, de la probabilité et de la relativité de la connaissance. Il défend l'idée que ce que l'on ne connaît pas a beaucoup plus d'impact que ce que l'on connaît et qu'il faut en permanence se préparer à l'impossible.

Nous l'avions écouté, amusés. La conférence était brillante, mais nous étions sûrs de nos forces. Nous n'avions jamais pensé que le monde était parfait, qu'aucun problème ne surgirait, que les cycles haussiers n'allaient pas se retourner. Nous avions simplement modélisé que les amplitudes passées seraient vraisemblablement un peu plus fortes à l'avenir et que l'inconnu serait gérable. Nous ne doutions pas de nous.

Soudain, le 20 janvier 2008, en quelques minutes, un gouffre s'est ouvert sous nos pieds. J'ai vu la fragilité des hommes, des systèmes, de l'opinion, des comportements et des attitudes. Un peu comme en mai 1940 lorsque la « Grande France », qui vivait sur la certitude de sa victoire de 14-18, avec sa ligne Maginot, son armée « la plus puissante du monde », s'est effondrée en dix jours. Le gouvernement, les généraux et les notables ont accouru affolés à Bordeaux en fuyant l'avancée allemande, chacun perdant sa belle assurance et ses certitudes d'airain. Ils étaient des fétus de paille dans un ouragan.

Cela rend humble. Et songeur.

TEMPS I

L'effondrement

Dimanche 20 janvier 2008, 10 h 30

C'est ainsi que tout a basculé.

Ce jour là, je lis le journal dans mon salon, lorsque je reçois un coup de fil de Daniel Bouton. Son nom s'affiche sur mon portable et mon premier réflexe consiste à ne pas décrocher. Je suis calé au fond d'un fauteuil club. Je me prépare à une journée agréable. Nous allons fêter les quatorze ans de mon fils Balthazar. Voir le nom du P.-D.G. de la Société Générale sur mon écran un dimanche matin est de mauvais augure. Je suis le directeur de la communication de la banque depuis huit ans. Daniel m'a rarement dérangé.

Avant, j'étais publicitaire. En 1999, j'ai aidé Daniel Bouton à repousser l'OPA hostile de la BNP. Je l'ai accompagné ensuite au sein de la banque dans ses relations avec les médias, les actionnaires et, plus globalement, dans sa communication interne et externe. Nous avons beaucoup travaillé ensemble, tard le soir. Cela a été dense et dur. De premier abord, Daniel n'est pas le plus sympathique des hommes. Mais la vivacité de son intelligence séduit aussitôt, du moins si l'on sait voir à travers la glace. Travailler avec lui est un plaisir intellectuel rare. Il réfléchit vite, comme nombre d'inspecteurs des finances. Et cette agilité rend la vie plus intense.

Je laisse sonner une seconde fois.

Daniel était arrivé major de sa promotion à vingt-trois ans. Les inspecteurs des Finances forment un réseau solidaire qui occupe les postes clés de l'État, des banques d'affaires et des grandes entreprises. Contrairement aux ministres et aux membres des cabinets dont l'espérance de vie à un poste dépasse rarement trois ans, ils survivent aux alternances et aux révolutions de palais. Ils n'ont pas le pouvoir apparent, mais le pouvoir réel. Les politiques sont en campagne médiatique permanente. Pendant ce temps, l'administration, les syndicats et les inspecteurs des Finances verrouillent tout, parce qu'ils ont le temps pour eux.

Les inspecteurs ont de nombreux défauts, notamment celui de mépriser ceux qui n'ont pas intégré un grand corps à la sortie de l'ENA. À leurs yeux, mieux vaut être autodidacte que simple énarque. Ceux qui rejoignent la Cour des comptes ou le Conseil d'État sont juste respectés, les autres n'existent pas, tout simplement. Seuls les élèves de l'X rivalisent avec eux à la tête des grandes entreprises. Un X-Mines pèse plus qu'un inspecteur des Finances. Daniel en tire un léger complexe, qu'il compense en affichant sa supposée influence sur le gouvernement et en faisant comprendre à demi-mot qu'il en sait et en fait plus que ce qu'il peut en dire.

Doté d'une intelligence vive et d'un esprit analytique supérieur, il exige énormément des autres. Si son interlocuteur ne tient pas la route, il ne fait aucun effort pour masquer son ennui et abrège l'entretien. Sa vision des choses que nourrit son immense culture le porte toujours à se projeter sur le long terme, ce qui le rend constant dans ses humeurs. Sa lacune principale vient de son manque de diplomatie : il dit toujours ce qu'il pense avec un cynisme cultivé. Cela est pris pour de l'arrogance. Comme il a horreur du vide, il envahit la conversation. Il devient vite donneur de leçons. Il en exaspère plus d'un.

Daniel fait plus confiance à l'intelligence qu'à la prestance ou au verbe, et se satisfait d'être perçu comme froid et rugueux. Dans son esprit, c'est un compliment. Il ne fait jamais d'efforts pour se rendre sociable : ses répliques sont aussi meurtrières qu'une balle de revolver. Homme peu spontané, Daniel gère toujours l'épaisseur de la glace avec ses interlocuteurs, de quelques centimètres à la taille d'une banquise.

Aussi, quand il m'appelle sur mon portable, je décroche à la troisième sonnerie. Il me demande de le rejoindre à La Défense :

– Tout de suite ?

La réponse est sans appel. J'enfourche mon scooter en me demandant quelle mouche l'a piqué. Je me dis qu'il veut retravailler sur le *profit warning* que nous devons publier le lundi matin. La règle veut qu'une société cotée en Bourse avertisse le marché d'une baisse à venir de son bénéfice annuel. Nous avons passé le samedi entier sur les *slides* et le communiqué. Nous allons devoir annoncer des dépréciations importantes liées aux *subprimes*. Aujourd'hui, c'est tristement banal. À l'époque, on découvrait chaque jour un peu plus la profondeur de notre malheur. La prise de conscience de l'ampleur du désastre avait commencé deux mois plus tôt, en novembre 2007, avec l'effondrement des indices synthétiques du marché résidentiel américain, les ABX. Des analyses alarmistes ont commencé à circuler, encore confidentielles. La chute des prix de l'immobilier américain risquait d'entraîner une contraction de la richesse des ménages allant jusqu'à cinq mille milliards (cinq trilliards de dollars !) et provoquer la saisie de près de 2,2 millions de logements. Au total, plus de 10 millions de foyers pourraient rapidement voir le montant de leur emprunt dépasser la valeur de leur logement, d'où une forte incitation à cesser les remboursements même si l'emprunteur en a les moyens. Pour la Société Générale, la facture était de 1,5 milliard. C'était colossal.

Ce dimanche matin, je pense en avoir pour quelques heures de travail. Ensuite, je rentrerai pour l'anniversaire.

Lorsque j'arrive, Daniel, m'accueille avec une voix grave, assourdie :

– Vous pensiez avoir géré des crises, mais ce n'était encore rien. Vous allez découvrir ce qu'est le *rogue trading* !

– Le quoi ?

Je me fais expliquer la situation : le *rogue trading*, c'est un *trading* frauduleux. Le mot *rogue* a deux sens en anglais : escroc et solitaire. Un trader a effectué des opérations illicites, qui ont généré un bénéfice important. La banque doit communiquer sur cette fraude. Sa réputation est en jeu, les risques pris par son trader auraient pu avoir des conséquences catastrophiques. Les contrôles internes ont failli.

Daniel est de taille moyenne. Il est assez mal fagoté : ses pantalons sont ceinturés au-dessus de son nombril. Ses cravates sont moches. Son ventre rondelet, mais encore dur, donne des plis à ses vestes. Ses costumes rayés, unis ou à grands carreaux jurent avec ses chemises. Ses lunettes sont banales, carrées et sans montures, son cou est rentré, ses épaules, sans relief. Il a de petites mains agiles qui pincent rapidement les pages de ses dossiers. Il écrit en revanche lentement, d'une écriture haute et réfléchie. Ses lettres ressemblent à celles d'un élève de quatrième. Sa voix est rauque et lente. Ses phrases, toujours construites, manquent de spontanéité.

Daniel est un patron. Il sait trancher. C'est un dur, un décideur dans ses tripes. Il ne se trompe que quatre fois sur dix. À l'aune de la mondialisation financière, cela vaut beaucoup d'argent : Il gagne en salaire fixe 85 SMIC. En variable, c'est le double. Sans oublier les stocks options : 2 750 années de salaire d'un Français moyen ou 5 312 vies entières de travail d'un ouvrier chinois ou malgache. Secret, surdoué, autoritaire, épicurien, gourmet, Daniel est tout cela. Mais il est avant tout un esprit ouvert. Il n'a d'*a priori* sur rien. Chaque sujet existe en soi. Il ouvre une page blanche et résout l'équation. Il réfléchit sur chaque dossier en fonction de ses mérites propres.

Ce jour-là il semble tout petit dans ses souliers. C'est la première fois qu'il me fait cette impression. Cela me trouble. Dans le bureau de Daniel, deux hommes m'ont précédé : Jean-Pierre Mustier, le patron de la banque d'investissement, qui supervise les activités de *trading*, et Frédéric Oudéa, le directeur financier :

– Nous avons interrogé le trader jusque vers minuit. Il n'a rien lâché sur les détails de ses opérations, il n'a pas collaboré. Il est resté accroché à son gain de 1,4 milliard fin décembre, annonce Jean-Pierre.

Il est livide. Il reconstitue l'histoire d'une voix froide. Plusieurs opérateurs de marché ont travaillé toute la nuit. Ils ont reconstitué en grandes lignes l'historique sur les douze mois de 2007.

– Il s'agit de *futures* sur indices Eurostoxx 50 et Dax 30 sur le marché Eurex achetés à terme à partir du mois de janvier 2007. Ces positions essentiellement courtes – moins d'un mois – ont été masquées par des transactions fictives pour couvrir en apparence le risque et dissimuler les résultats associés. Ces transactions fictives expliquent le fait qu'il n'a pas été repéré avant. La position a très fortement augmenté en mars pour atteindre progressivement un nominal masqué maximum de 30 milliards en juillet. Les résultats de toutes ces opérations s'établissent à – 2,14 milliards au 30 juin et + 390 millions au 30 septembre. Les comptes de la banque ont donc été surévalués de 2,16 milliards à fin juin et sous-évalués de 362 millions à fin septembre. L'impact global sur l'année serait de 1,47 milliard, abstraction faite des éventuelles opérations conclues depuis le début de l'année. Les lignes ont été débouclées en août 2007. Mais le trader a reconstitué des positions courtes en novembre d'une ampleur équivalente. Il a tout clôturé en décembre.

Je tombe des nues. Les opérations illégales ont gonflé le résultat de la Société Générale pour près d'un milliard et demi d'euros.

– C'est incroyable ! Et quel est l'état des positions sur 2008 ?

– Je ne sais pas encore.

– Il a tout soldé ?

– Nous n'avons pas fini de regarder les dix-huit premiers jours de 2008. Nous avons interrogé le trader cette nuit, il affirme n'avoir presque rien fait depuis le début de l'année. Il n'a rien voulu nous dire.

La météo dehors est clémente, mais personne ne s'en préoccupe. Visiblement, Daniel a du mal à se concentrer. Fait rare chez lui, ses pensées semblent lui échapper. Il doit faire un effort pour les rassembler. La fraude est une très mauvaise nouvelle. Elle se cumule avec un autre choc. La veille, il était revenu au bureau pour finaliser le premier *profit warning* de sa présidence. Il est assis face à son bureau. L'ordinateur est éteint, ses yeux sont hagards. Il repense à l'une des phrases favorites de Jacques Chirac : « les merdes volent en escadrille ».

Au départ, la communication sur le *profit warning* était prévue pour le jeudi suivant, un mois avant la publication définitive des résultats : suffisamment tôt pour prévenir le marché et suffisamment tard pour faire valider les comptes par les commissaires. Mais vendredi, le cours de la Société Générale a plongé, à la suite de rumeurs désastreuses sur son exposition aux rehausseurs de crédit américains, les *monolines*. Le même jour, le gouverneur de la Banque de France a exhorté les banques à faire toute la transparence le plus rapidement possible lors d'une conférence de presse à Londres. Le gouverneur a mesuré ses mots pour ne pas effrayer l'opinion ni accentuer la crise, mais il redoute un scénario catastrophe sur les *subprimes*. Il est inquiet de la tension immobilière aux États-Unis, la plus grave de l'histoire avec une baisse brutale des prix de plus de 30 %. Les pertes encourues sur l'ensemble des crédits immobiliers, *subprime* et autres, pourraient atteindre 400 milliards de dollars pour les banques. Par un effet de dominos, ce choc peut entraîner une forte augmentation des défauts sur les autres crédits – cartes de paiement, crédits à la consommation – et provoquer la faillite de quelques banques régionales américaines ou même d'une banque nationale très exposée aux crédits immobiliers. Les marchés actions commencent à intégrer l'idée d'une récession américaine. Lorsque la croissance américaine plonge, l'indice chute facilement de 30 %. Les conditions de crédit des autres banques risquent de se resserrer pour limiter les dégâts affectant la plupart des marchés du crédit et des dérivés. Cela pourrait entraîner un assèchement de la liquidité, un *credit crunch* affectant le marché interbancaire et une montée générale de l'aversion pour le risque. Pour éviter ce scénario noir, le gouverneur de la Banque de France a pris contact durant toute la semaine avec les principaux établissements bancaires français. Il prône la transparence pour cantonner le problème aux *subprimes* et éviter un krach boursier du type 1987.

Vendredi soir, Daniel a donc décidé d'avancer de quatre jours la date du *profit warning*. Il a fait prévenir ses commissaires aux comptes et son conseil d'administration ainsi qu'une équipe resserrée (financiers, communicants, responsables des risques et banquiers d'investissement). L'annonce doit avoir lieu lundi. C'est pourquoi nous avons travaillé tout le samedi. Un comité des comptes, suivi d'un conseil d'administration, doit se tenir ce dimanche 20 janvier 2008 après-midi.

La fraude ne pouvait pas tomber plus mal. Le cumul de cette faille gigantesque et de l'annonce des 1,5 milliard de pertes pour les *subprimes* constituera un *profit warning* destructeur. C'est une double catastrophe et le calendrier coince la banque : nous n'avons pas le temps de nous retourner.

Jean-Pierre Mustier a une tête de papier mâché. Il n'a pas fermé l'œil de la nuit. Il n'est même pas rentré chez lui. Le bénéfice supposé du *rogue trading* n'est pas une bonne nouvelle. Sa taille à elle seule signifie qu'une fraude gigantesque est possible dans sa banque. C'est toute la réputation de l'établissement qui est entachée.

Daniel se prend la tête entre les deux mains.

– Cette nouvelle va nous obliger à revoir tous les arrêtés trimestriels de l'année passée et faire revalider l'ensemble par les commissaires aux comptes.

– Ils devront éplucher toutes les opérations du trader sur toute l'année, pour calculer l'impact réel sur les résultats, ajoute Jean-Pierre.

– C'est une catastrophe, se répète Daniel comme pour lui seul.

Daniel décroche son téléphone et fait venir Christian, le secrétaire général. Au même moment, Jean-Pierre reçoit un mail de l'un de ses adjoints sur son Blackberry.

« Le trader a été recontacté ce matin, nous l'avons mis devant le fait accompli et lui avons signifié ses mensonges. Nous lui avons dit la totalité de ce que nous avions découvert sur 2007. Et nous lui avons demandé s'il avait pris d'autres positions en 2008. Il a répondu : Oui ! Avant d'ajouter : Mais trois fois rien. Nous poursuivons les recherches. »

Jean-Pierre nous annonce la nouvelle :

– Il a encore pris des positions fictives depuis le début de l'année.

– Et merde ! dit Daniel, qui connaît l'évolution des marchés depuis le nouvel an.

Un peu plus tôt, vingt-huit étages plus bas dans la tour Société Générale, le fraudeur a rejoint son bureau. Il monte dans la salle de marchés du 7e étage où ses supérieurs l'attendent. L'adjoint de Jean-Pierre Mustier, Luc François, s'installe dans une salle de réunion avec lui, l'un en face de l'autre, autour d'une table ovale. Luc est grand et fin, il doit approcher 1,90 mètre. C'est un homme posé et brillant de 45 ans, un manager, un intellectuel et un développeur. Luc est l'homme le plus chassé de la place. Il a largement contribué au succès du département des *dérivés actions* de la Société Générale depuis le début, en 1992. Avec Jean-Pierre et beaucoup d'autres gros matheux, ils ont inventé un métier sophistiqué dont ils sont devenus les leaders mondiaux. Les grandes banques d'investissement tentent d'arracher les membres de leurs équipes, formés à l'exigence et à la performance, mais les offres les plus mirobolantes n'ont pas eu raison de cette équipe, unie par le succès, la qualité de leur travail et leur entente. C'est dans ce département que les bonus sont les plus élevés. Partie de rien quinze ans plus tôt, leur activité représente plusieurs milliards d'euros de revenus, loin devant le numéro deux, BNP Paribas, très loin devant Goldman Sachs ou Morgan Stanley : le seul secteur de la banque où un établissement français est n° 1.

Luc n'affiche pas son sourire habituel.

Un téléphone pieuvre retransmet la conversation entre Luc et le trader pour que les auditeurs, installés dans une salle de marchés adjacente, puissent tout suivre. Les murs sont en verre, les deux hommes sont visibles. On se croirait à la CTU dans un épisode de la série 24H. Ce dimanche, l'enjeu est d'éviter que le château de cartes de la finance mondiale ne s'écroule. Luc me racontera qu'il a une liasse de relevés d'opérations du poste du fraudeur. Celles-ci montrent qu'il a menti toute la nuit. Il a largement dépassé son mandat, notamment ses limites *intraday*, contrairement à ce qu'il avait assuré :

– J'ai tout ici : maintenant je veux que tu me dises la vérité et rien d'autre !

– OK, OK.

– C'était quoi ta stratégie ?

– Je ne me rappelle pas toutes les opérations, il y en a beaucoup sur une année…

Luc montre les feuilles une à une et demande des explications. Le trader les reconnaît ligne à ligne.

Au 35e étage, Daniel est debout, il tourne en rond les mains dans le dos et tente de réfléchir à toutes les conséquences possibles de cette bombe à fragmentations multiples qu'il vient de découvrir au cœur de sa banque.

– Et en plus si un gain de cette taille est confirmé, personne ne nous croira ! bougonne-t-il.

– Nous devons l'annoncer au marché avant l'ouverture demain, lui dis-je.

– Nous allons nous faire massacrer, marmonne Jean-Pierre.

– C'est la réputation de toute la banque qui est en jeu, reprend Daniel.

Il marque une pause et reprend : « Les Dérivés sont morts. »

Jean-Pierre est assis, son Blackberry dans la main. Il reçoit au fil des minutes les mauvaises nouvelles des équipes de la banque qui continuent d'éplucher toutes les opérations du trader. Ils découvrent à chaque instant l'ampleur des horreurs enregistrées depuis le 1er janvier 2008.

Les équipes internes dépiautent les postes opératoires du trader et ceux de tout son desk, le *Delta One*. *Delta* parce que ce desk capte des écarts. *One* parce que l'arbitrage est le niveau basique du métier de trader. Il compare deux produits aux caractéristiques identiques, par exemple un indice boursier ou une société cotée : il achète une position et la couvre en vendant des *options d'achat à barrière* du même *sous-jacent*. Les deux positions s'annulent. Le risque est limité aux petits écarts, mais les volumes sont très importants. Un trader qui opère sur ce type d'opérations basiques réalise plusieurs milliers d'opérations digitales par jour et son résultat final, chaque soir, capitalise les gains ou pertes. Dans le *book* du trader, il y avait 500 000 opérations !

Je ne peux m'empêcher de penser que cette activité simple ne sert à rien économiquement. Il faut vraiment tirer le raisonnement par les cheveux pour se dire que les résultats ainsi dégagés renforcent nos fonds propres, qui eux permettent de faire du crédit à l'économie réelle, comme je l'entends souvent. C'est compter sans le risque.

Christian, le secrétaire général, arrive, suivi du directeur des risques. On leur explique à nouveau la situation. Jean-Pierre n'écoute pas, concentré sur l'écran de son téléphone portable. Il reçoit en direct les informations de la salle marché.

Vers midi quinze, il apprend que l'évaluation des positions le vendredi 18 au soir laisse apparaître une perte de l'ordre du milliard d'euros. Mais que des *positions directionnelles longues* « de taille importante » existent sur les indices DAX, Eurostoxx et FTSE.

Silence irréel. Le temps s'est arrêté dans le bureau de Daniel.

Les équipes continuent leurs recherches, de plus en plus affolées. Elles envoient un mail sur le Blackberry de Luc. La totalité des positions ouvertes, couvertes par des opérations fictives illégales, s'élève à 50 milliards ! Cela représente une fois et demie les fonds propres de la banque.

C'est mortel.

Luc est paralysé. Il marque une pause, se concentre à nouveau et répond au mail : « *Dans quel sens sont les positions ?* »

Puis il interroge le fraudeur :

– Et sur 2008, tu as fait quoi ?

– Presque rien.

– C'est-à-dire ?

– Je ne sais plus.

Luc ne dit pas ce qu'il sait. Il craint un comportement anormal du trader mis en cause. Il adoucit sa voix :

– Combien ?

– Mes positions ne dépassent pas 20 ou 30 milliards !

Luc manque de tomber de sa chaise. C'est stratosphérique ! Pour le trader, le mot milliard ne provoque aucune émotion, alors que la limite du desk est de 125 millions… les trois zéros supplémentaires semblent ne rien représenter d'autre que des bulles dans un jeu vidéo. La conversation se poursuit, sans arriver à arracher le moindre élément précis. Un nouveau mail arrive sur le portable de Luc : « *La perte s'élève à 2,8 milliards sur janvier 2008, avec une valorisation faite sur la base des cours de la clôture du vendredi 18 janvier. Nous poursuivons les recherches et entamons les vérifications pour voir s'il n'y a rien d'autre !* ». Cette nouvelle foudroie Luc qui s'arrête. La priorité n'est plus de comprendre ce qu'a fait le trader. Il respire par le ventre plusieurs fois, marque un sourire figé, pose sa voix calmement et dit :

– Merci, tu peux rentrer chez toi. Ne reviens pas demain, je te tiendrai au courant.

– OK.

– Surtout, ne parle à personne de ce que tu sais, c'est très important.

Le fraudeur est raccompagné dehors, ses badges d'accès sont saisis. Il s'en va sans se retourner.

Luc me racontera qu'il tremble de tout son corps lorsqu'il reste seul. Il met de longues secondes à faire suivre le mail à Jean-Pierre.

Dans le bureau de Daniel, Jean-Pierre lit le mail de Luc : une perte de 2,8 milliards au 18 janvier est certifiée et la taille de la position ouverte s'élève à 50 milliards !

Tout le monde s'effondre. Nous sommes K.-O. debout. Notre cerveau n'est pas préparé à affronter ce genre de nouvelle. Même en ajoutant le gain dissimulé de 2007, la perte s'élève déjà à – 1,4 milliard. Dans le contexte de chute vertigineuse des marchés du vendredi, cette position de 50 milliards peut exposer la banque à des pertes supplémentaires de 10 ou 15 milliards ! Ce n'est plus la réputation de la banque qui est en jeu, mais sa survie… Et plus encore, le système financier mondial.

Lors du procès, trente mois plus tard, il sera montré que si la banque avait conservé cette position, la perte aurait oscillé entre 4,2 et… 29 milliards d'euros, compte tenu de l'évolution désastreuse des marchés en 2008 et 2009.

Le bureau de Daniel ressemble à une salle d'opération remplie de chirurgiens dont le patient est soudain victime d'une hémorragie généralisée avec crise cardiaque et convulsions. Pas la peine de faire un dessin à chacun d'entre nous. Nous savons ce que cela veut dire.

Toutes les lignes de crédit des grandes banques sont interconnectées. Une trentaine d'établissements majeurs s'empruntent et se prêtent chaque jour des liquidités. Si l'une d'elles est suspectée d'insolvabilité, chacune des autres se trouve en risque à son tour… Une banque comme la Générale, dont le total de bilan dépasse 1 000 milliards d'euros, peut entraîner le système financier dans sa chute. L'effet dominos qui a suivi la crise de 1929 va se reproduire.

Une ambiance de fin du monde s'installe.

Personne ne dit plus rien.

Les visages sont fermés.

Cela dure de longues minutes.

13 h 02

La secrétaire de Daniel entre dans la salle. Tout le monde se retourne. Daniel l'a fait revenir. Elle est arrivée vers dix heures, car les transports en commun sont rares le dimanche. Elle n'est au courant de rien. Elle s'excuse de déranger. Elle est juste venue prévenir qu'elle s'absentait cinq minutes et que pendant ce laps de temps, personne ne pourrait répondre au téléphone. On se regarde. Un instant de vie normale vient de se passer. Cela semble extraordinaire.

13 h 14

L'éventuelle faillite de la banque est dans tous les esprits.

Philippe Citerne, le directeur général, rejoint le bureau de Daniel. Il s'est couché à quatre heures du matin. Il a été prévenu que l'inspection dépiautait maintenant les positions de 2008, découvertes après son départ au milieu de la nuit. Il nous raconte qu'il a brûlé tous les feux et déclenché tous les radars automatiques sur sa route.

Philippe est le numéro deux de la banque. Il est arrivé au poste de directeur général délégué du groupe après une riche carrière d'économiste, de directeur des ressources humaines et de directeur financier. Il a gravi tous les échelons à coup de journées de seize heures, de tours du monde en trois jours, de barreaux de chaises incinérés et de bouteilles de whisky englouties. Il a consacré sa vie à la Société Générale qui, en retour, en a fait le porte-flambeau du Groupe. Passionné d'informatique, cet ingénieur est le seul à faire toutes ses courses sur Internet, des livres chez Amazon jusqu'aux chemises qu'il commande sur mesure chez un fabricant de Hong-Kong. Il passe ses week-ends à lire les notes qu'il n'a pas eu le temps de parapher durant la semaine. Soixante ans, cheveux blancs et longs, collection de pellicules sur les épaules, costumes froissés, ventripotent.

À l'inverse de Daniel, qui n'est là que depuis seize ans, Philippe est populaire auprès des équipes. Il a la légitimité de celui qui a fait toutes ses classes dans la même entreprise. Il est « très humain », il passe beaucoup de temps sur le terrain. Jovial, avec un bon coup de fourchette, c'est un bûcheur comme pas deux. Il est d'autant plus apprécié qu'il a une culture du consensus mou qui convient à bien des courtisans. Sa manière d'éviter les sujets difficiles, de reporter les décisions lourdes et de demander des compléments d'études, satisfait les hiérarques de la banque. Ils voient en lui le garant de leurs conservatismes. C'est le roi de la patate chaude. Avec une science consommée, il évite de trancher les dossiers compliqués jusqu'à ce qu'ils arrivent sur la table du comité exécutif, le Comex. Il laisse alors Daniel décider et se faire détester des équipes victimes de l'arbitrage. Philippe se contente d'un simple « le Président a tranché », l'air de dire qu'il ne partage pas complètement l'avis de Daniel, « mais que voulez-vous, ni vous ni moi n'y pouvons quoi que ce soit ».

Durant la nuit, Philippe a écouté à distance, accroché à son combiné, les interrogatoires effectués par Jean-Pierre. Le trader ne voulait rien dire. La nuit a été un épouvantable jeu, un Cluedo grandeur nature. C'est Philippe qui a fait venir le médecin du travail.

Je prends la parole dans une ambiance d'outre-tombe.

– Comment peut-on ne pas voir de telles sommes ?

– On voit les valorisations en comptabilité, répond Jean-Pierre, mais les opérations sont débouclées avec *une émission de contrats futurs* avant l'arrêté mensuel des comptes, dont le trader connaît parfaitement les dates. Les *back offices* voient les *deals*, mais comme ils sont annulés, ils ne génèrent pas d'écriture comptable dans le mois, mais le mois suivant, et ainsi de suite.

Luc m'expliquera ensuite que les contrôles en salle des marchés sont innombrables (plusieurs milliers par jour) mais qu'ils sont consolidés par catégorie : gestion des risques, problèmes comptables, questions financières, incidents techniques, vices de procédures, etc. Ils ne sont pas répertoriés par trader et il n'existe pas d'indicateur de nombre d'incidents par tête. Cela revient à revisser sans arrêt l'écrou d'une roue qui se détache, rajouter de l'huile et changer les plaquettes de frein tous les trois jours, sans que les mécaniciens sachent qu'il s'agit de la même voiture. Le *rogue trader* vient des services de contrôle. Il connaissait toutes les procédures.

– Il passe son temps à rouler ses positions et à éviter tous les radars, dit Daniel.

– Mais il y a des appels de marges !

– Les opérations du trader sont intragroupe, répond Jean-Pierre, les appels de marge ne se font pas par opération, mais globalement, en fin de mois.

Le calendrier ne peut pas être pire. Le contexte de marché est exécrable. Les marchés ont plongé par crainte de la récession américaine, des dépréciations liées aux *subprimes*, des doutes sur la solvabilité des rehausseurs de crédit et des recapitalisations faites dans l'urgence à l'aide de fonds souverains par les plus grands acteurs bancaires américains, anglais et suisses. Vendredi a été noir en Bourse. Il s'agit de la période la plus instable depuis septembre 2001.

– Le règlement de l'Autorité des marchés nous impose de communiquer dès demain avant l'ouverture de la Bourse, cette information aura un impact significatif sur le cours de l'action, dis-je.

– Sauf si cette information met l'entreprise en danger, précise le secrétaire général.

– Donc on ne communique pas tout de suite ?

– Non, mais on prévient nos autorités de tutelle et le comité des comptes.

– Il nous faudra six ou sept jours pour couvrir une position aussi énorme, plus le coût du débouclage, s'angoisse Jean-Pierre.

– Un point de baisse des indices coûte 500 millions dit Daniel. Il fait une pause et reprend : « Deux points, un milliard ».

Chacun fait le calcul dans sa tête. C'est vertigineux. Une baisse de 15-20 % en cinq jours, cela fait – 7 à – 10 milliards…

Jean-Pierre rappelle ce que tout le monde sait :

– Et les marchés s'effondrent en ce moment.

– Peut-on clore la position sans prévenir le marché ?

– Si le marché est au courant d'une position de ce type, de cette taille, tous les acteurs se mettront à vendre dans le même sens, les indices s'effondreront encore plus et nous serons morts, me répond Jean-Pierre.

– Il faut éviter tout risque de fuite, dit Daniel. Sinon on est sûrs de prendre 10 milliards de pertes.

– La position représente environ 50 % du volume jour de l'Eurostoxx 50 et du Dax 30. Nous devons définir une stratégie de débouclement qui prenne en compte l'impact de liquidité dès cet après-midi, précise Jean-Pierre. Les marchés américains sont fermés demain, ce qui réduira encore la liquidité disponible. On ne doit léser personne tout en préservant les intérêts de l'entreprise.

– Pourquoi ?

– Nous ne pouvons dépasser 10 % du volume sur chaque indice dans la journée, dit Jean-Pierre. Notre débouclage ne pèsera donc pas sur la tendance, c'est pour cela qu'il nous faudra plusieurs jours !

– Il sera impossible de tenir aussi longtemps sans qu'il n'y ait de fuite : combien de personnes sont au courant ? demande Philippe.

– Une quinzaine d'auditeurs internes, mais seuls deux ont la photographie globale, il y a aussi la ligne hiérarchique du trader, soit cinq personnes, plus nous sept, récapitule Jean-Pierre.

– C'est trop. Ce sera public en moins de 24 heures, le débouclage se verra dans la salle de marchés.

– Si les indices dévissent de 20 % cette semaine, nous sommes morts dit Daniel.

– La perte finale dépendra du déroulement des opérations de débouclement reprend Jean-Pierre.

– Dix milliards de trou, cela provoquera une crise de liquidité énorme s'angoisse le directeur des risques. La perte de confiance entraînera tout le secteur. Le coût du refinancement sera gigantesque. Les gens prendront peur, ils voudront tous récupérer leurs avoirs, les marchés vont s'effondrer, il y aura des queues dans la rue : ce sera la panique de Northern Rock puissance dix, pire que 1929 ! Nous sommes prêteurs et emprunteurs de liquidités chaque jour de plusieurs dizaines de milliards d'euros sur le marché interbancaire. Si nous perdons la confiance des autres, nous nous effondrerons.

– Notre liquidité est couverte pour cinq semaines, se rassure Jean-Pierre.

Daniel le coupe :

– Dans ces conditions, cela ne pèse rien. C'est un choc systémique !

J'entends ce mot pour la première fois. Systémique. Il deviendra tristement à la mode lors de la crise bancaire de l'automne 2008 et de la crise de la dette grecque au printemps 2010.

Daniel reprend, sur le même ton implacable.

– L'action Société Générale va s'effondrer en quelques minutes. Elle sera suspendue. Le gouverneur de la Banque de France appellera la Banque centrale européenne à Francfort. Les banques centrales annonceront des injections massives de liquidités, sans limites, mais les clients perdront confiance. Ils formeront des files d'attente devant nos agences en France et à l'étranger où nous avons vingt millions de clients. Nous ne pourrons y faire face. Les clients des autres banques prendront peur et feront de même. Nous sommes très mal. Le château de cartes va s'effondrer !

Silence lugubre dans le vaste bureau du dernier étage de la tour Valmy. Cela dure trente énormes secondes. Je regarde les visages déconfits, blêmes, catastrophés.

J'ai peur.

Comme les autres.

Le stress se lit dans chaque geste, chaque regard. Personne n'arrive à le masquer.

Je n'ai pas envie d'être là. Je me demande ce que je suis venu faire dans cette galère. Pourquoi dois-je écouter tout cela ? Pourquoi moi ? Je préférerais ne pas savoir. J'aurais mieux fait de rester journaliste.

– Dommage, c'était une belle banque, laisse tomber Daniel.

La phrase est prononcée sur le ton de l'évidence, comme un constat de décès. Elle me glace encore plus. Daniel est un cérébral, le plus brillant d'entre nous. Il a étudié l'équation et le résultat est tombé.

La chute d'un acteur bancaire de cette taille entraîne celle des autres. Une faillite géante provoque immédiatement une crise de liquidité mondiale et met au tapis les entreprises endettées. Les particuliers ont un accès limité à leur épargne : la garantie de la Banque centrale est limitée à 70 000 euros par compte en France. Les retraits provoqueront une purge inouïe. À l'ère d'Internet, des technologies de l'information et de la mondialisation, la crise sera globalisée. J'imagine les queues devant les agences bancaires et devant les usines, les mendiants sur les trottoirs, tous ces gens qui aujourd'hui vivent normalement. Si le drame se produit, ils vont se retrouver à la rue. Daniel me sort de ma stupeur :

– Hugues, Il faut éviter toute rumeur !

– Les rumeurs, il y en a souvent, peu sont crédibles, surtout en ce moment. Vendredi, c'était notre exposition au *monoline Samba*, elle n'a pas été reprise. Si cela fuit, il me faut une posture de communication.

– On pourrait annoncer les dépréciations *subprimes* lundi, et la fraude plus tard me demande Daniel.

– C'est impossible, on ne peut pas réunir la presse et les analystes le lundi pour leur dire « Voilà l'impact sur les comptes », et recommencer quelques jours après pour avouer que nous avions sciemment oublié de parler de quelques milliards en moins ! Non, le but est de gagner du temps. Je vais mettre tous mes capteurs en veille. Nous allons définir ce que pourrait être une rumeur précise et préparer des niveaux de prises de parole en fonction des circonstances.

– C'est quoi une rumeur précise ? me demande Jean-Pierre.

– C'est une rumeur qui dit deux choses – *rogue trading* et 50 milliards – et une rumeur qui est jugée crédible par le marché. Donc, c'est une rumeur qui entraîne une chute de cours de plus de 5 % par rapport à la moyenne des banques française ou de l'Eurostoxx bancaire.

– Que fait-on si cela fuit ?

– Si la rumeur n'est ni précise ni crédible, nous gardons la posture habituelle « no comment ». Si elle est précise et crédible, je ferai un *statement*, un communiqué qui nous fera gagner du temps. Quelque chose du type : « Compte tenu des rumeurs de marché, la banque annonce qu'elle communiquera sur ses résultats estimés 2007 le jeudi 24 janvier avant Bourse. »

– C'est bien, mais si cela fuit lundi, on ne tiendra pas.

– Oui, ce sera très dur.

– Il n'y a pratiquement aucune chance que cela ne fuite pas lundi !

– En plus, je dois prévenir le gouverneur de la Banque de France et le secrétaire général de l'Autorité des marchés financiers, dit Daniel.

– Oui, on n'a pas le choix, enchaîne Philippe, je dois régler nos problèmes de trésorerie avec eux.

– Ce n'est pas seulement cela, reprend Daniel. Nous avons un problème grave, je dois les prévenir, c'est tout. Christian, tu vérifies qu'ils sont joignables.

Christian sort.

– Daniel, quand vous aurez le gouverneur, dites-lui de ne pas impliquer plus de trois collaborateurs, conseille Jean-Pierre.

– Ils vont vouloir se couvrir et prévenir les politiques, dit Frédéric Oudéa, le directeur financier. Ils vont vous demander d'appeler Bercy et l'Élysée.

– Il n'y a rien de plus important que la liquidité, s'angoisse le directeur des risques, cela doit rester en vase clos.

– Ne dites pas liquidité, prévient Philippe, dites trésorerie, c'est moins angoissant. Liquidité c'est comme lapin sur un bateau, cela porte malheur.

Silence assourdissant.

– L'impensable est arrivé, soupire Daniel.

Les mouches volent, les visages sont graves, chaque seconde dure une heure.

Je reprends la parole.

– Si on prévient Nicolas Sarkozy ou Christine Lagarde, ils prendront l'avis de leurs cabinets. Les directeurs de cabinet interrogeront leurs équipes et on sera cuits. Si c'est ça, je ne peux plus gérer les risques de fuite. Dites au gouverneur que ce n'est pas possible : on ne pourra pas déboucler si les politiques sont au courant.

– Nicolas Sarkozy ne nous en voudra pas, analyse Daniel. Si notre affaire part de travers, il n'aura pas été impliqué et il nous fera porter toute la faute. En ne le prévenant pas, nous le protégeons.

– Il faut prévenir nos commissaires aux comptes et le comité des comptes du conseil d'administration, rappelle Christian.

– Je le fais, dit Daniel.

– Il faut aussi prévenir nos agences de notation, dit Frédéric.

– Quand ?

– Avant l'annonce de jeudi.

– Vous le ferez mercredi matin.

Notre petit groupe se sépare vers 14 h 35 ce dimanche 20 janvier 2008. Daniel se dirige vers la salle du Conseil où les administrateurs, membres du comité des comptes ont commencé à étudier les estimations de résultats du quatrième trimestre avec les commissaires aux comptes. Ils savent que les dépréciations liées aux *subprimes* sont très élevées. Mais ils ignorent tout du *rogue trader*.

Daniel entre dans la salle, livide. Les participants se retournent, le regardent et comprennent immédiatement qu'il s'est passé quelque chose. Daniel reste debout, il s'approche de l'immense table, il sait que cette audience est adulte. Il peut être direct. Il l'est :

– Nous avons découvert un *rogue trader* dans nos équipes de dérivés, sa position était perdante de 1,4 milliard au global vendredi soir et nous héritons d'une position longue directionnelle de 50 milliards sur les indices européens.

Les participants comprennent tout de suite et se mettent au travail. Les commissaires aux comptes rencontreront l'inspection de la banque dès l'après-midi pour avoir une vision précise du sujet. Ils mettront immédiatement en place une petite équipe pour auditer la situation et préciser l'impact sur les comptes. Personne n'a de doute sur l'urgence de déboucler. Une banque qui a 30 milliards de fonds propres ne peut rester en risque de 50 milliards : « Imaginez une baisse de 20 % des indices ! »

Le plan de bataille se met en place. Les agences de notation devront être alertées dès que la position est larguée et donner rapidement leur nouvelle notation de façon à rassurer les clients et les partenaires. La banque d'investissement doit estimer les impacts sur son activité. L'ensemble des lignes de trésorerie seront passées au peigne fin et le régulateur mettra en place un accès privilégié en cas de tension. L'Autorité des marchés doit donner son accord à l'idée de ne communiquer qu'après coup. Des modèles de lettres aux clients, investisseurs, entreprises, particuliers français et internationaux seront rédigés. Il faut que la direction des ressources humaines évite par tous les moyens une panique interne.

Les priorités sont fixées, les problématiques hiérarchisées. La mission de Daniel est claire. Elle lui est précisée par le président du comité des comptes du conseil d'administration :

– Vous avez deux priorités. Grand un, vous évitez le risque systémique : la priorité est la liquidité mondiale. Grand deux, vous préservez les intérêts de la banque.

Éviter le risque systémique consiste naturellement à déboucler les 50 milliards rapidement, mais aussi à ne pas avouer que ce qui était arrivé ici aurait pu arriver chez tout autre concurrent. Les systèmes de contrôle sont définis avec le régulateur, qui les impose à toutes les banques qu'il supervise. Les systèmes français comptent parmi les plus stricts de la profession. Tout le monde le sait. Le fait que cela arrive à la Société Générale sera d'autant plus anxiogène. Pour éviter la propagation de l'onde de choc, la perte de confiance généralisée, un phénomène de panique, des retraits massifs, et une économie soudainement asséchée, bref pour éviter une crise majeure, la banque doit accepter de paraître comme légère, peu rigoureuse. Nous devons prendre la volée de bois vert tout seuls. En préservant l'image de ses concurrents, la Société Générale peut éviter l'effondrement du château de cartes.

J'observe Daniel, silencieux, comme happé à nouveau par ses pensées. Je le connais trop bien depuis huit ans. Je l'ai entendu tant de fois monologuer avec morgue sur l'excellence de la Société Générale. Sa colère intérieure est à la hauteur de la catastrophe. J'entendrai presque les pensées qui s'entrechoquent dans son cerveau : « Cela nous arrive à nous, nous le leader mondial du secteur le plus sophistiqué du monde ! Nous qui avons les plus grands mathématiciens, qui recrutons un tiers de la promotion de Polytechnique chaque année, nous dont le métier consiste justement à annuler tous les risques par la puissance de calcul, les corrélations, les contrôles ! Cela nous arrive à nous ! Et pour sauver le système financier, nous devons nous tirer une balle dans le pied et nous présenter comme des amateurs. Le talon d'Achille de la Société Générale, c'était un microdépartement dont le boulot est à la portée de n'importe qui : l'arbitrage de *futures*. C'est à dix kilomètres de nos centres d'excellence. Nous plongeons à cause d'un mécanicien qu'on a promu pour appuyer toutes les cinq secondes sur une touche et qui a pété les plombs. Ce Mister Nobody va nous détruire. C'est inimaginable ! »

En 1929 à grande échelle et en Angleterre en 2007

pour une petite banque, la faillite avait provoqué des queues d'épargnants dans les rues. L'année précédente, à Londres, les autorités britanniques avaient tardé à prendre les mesures de sauvegarde nécessaires. Les clients s'étaient précipités aux guichets pour retirer leurs avoirs au mois d'août. La catastrophe de transmission aux autres institutions avait été arrêtée de justesse parce que le sinistre était limité à un établissement modeste. Là, il s'agit de la Société Générale !

Il sort de la réunion, retrouve Christian, qui lui confirme que les deux autorités attendent son appel. Il commence par le gouverneur et lui raconte la situation.

Daniel lui dit :

« Je ne vois qu'une solution, c'est celle dans laquelle je déboucle et quand c'est fait, je communique. »

Ils s'accordent sur cette position.

L'Autorité des marchés financiers réagit de la même manière : les politiques ne seront pas mis dans le secret. Nicolas Sarkozy et Christine Lagarde ne seront prévenus que lorsque la position sera débouclée et qu'un début de solution se dessinera.

Lors du conseil d'administration de 18 heures, convoqué depuis le vendredi soir pour valider les résultats estimés de l'année et notamment les dépréciations d'actifs, le président du comité des comptes dira simplement que les commissaires aux comptes n'ont pas validé les hypothèses retenues pour les provisions liées aux *subprimes* américaines, qui devront être plus fortes que prévu dans le dossier qui leur a été remis :

– Comme prévu initialement, nous vous proposons de tenir un nouveau conseil d'administration mercredi soir avec cette fois les hypothèses validées par nos auditeurs, pour une communication jeudi avant l'ouverture de la Bourse.

La nuit du 20 au 21 janvier, tout le monde rentre chez soi vers trois heures du matin, après les réunions de débriefing. Personne n'arrive à fermer l'œil. Je gamberge toute la nuit. Comment penser à autre chose que le drame qui nous tombe comme le ciel sur la tête ? Les conséquences pour la banque, les épargnants, l'économie du pays, mais aussi, c'est humain, ma situation personnelle. Une faillite de la banque ne nous épargnera pas, sur tous les plans. 50 milliards en l'air ! Tout est possible. À ce stress s'ajoute le silence imposé vis-à-vis de ma famille, à qui j'ai dû raconter des balivernes pour expliquer pourquoi je suis rentré le dimanche soir à trois heures du matin et ai raté l'anniversaire de mon fils.

Dans leurs insomnies, les initiés alternent courage et désespoir. Nous pensons à la quantité de tâches à effectuer le lendemain, angoissés face à cette fraude massive. La nuit, l'imagination est prolixe et tourne au cauchemar. Le lendemain matin, nous serons tous à l'aube au bureau, presque rassérénés d'avoir quitté notre lit d'insomnie.

Je ne sais pas pourquoi, alors que la tension m'empêche de m'endormir, dans mon lit, je pense au World Trade Center. Ma femme dort comme une marmotte.

Je me rappelle de la gestion de crise du 11-Septembre. Al Qaïda avait frappé le centre financier de la planète. Les islamistes intégristes avaient détruit 3 000 familles, sans détails. Mais ils n'avaient pas réussi à susciter l'effondrement du centre névralgique de l'économie mondiale : les banques centrales américaines, européennes et asiatiques avaient fait front et empêché le déploiement d'une crise financière majeure.

Je me rappelle ce mardi-là, début d'après-midi heure de Paris, quand le service de presse de la Société Générale m'a prévenu qu'une tour du World Trade Center avait pris feu quelques minutes auparavant. Je me suis levé sans réaliser l'ampleur de l'événement pour jeter un œil sur CNN en poussant mon siège à roulettes, la télévision était placée dans le hall d'accueil du service communication, dans l'axe de la porte de mon bureau. J'ai dû me lever pour la voir car, bien que la porte fût ouverte, plusieurs personnes étaient figées devant l'écran. Les tours commençaient à être évacuées. Aux derniers étages, des employés essayaient de respirer par les fenêtres alors que d'autres agitaient leurs mouchoirs ou chemises. La distance des caméras ne permettait pas de faire ressentir la violence de leur angoisse. Je me suis dit que travailler dans une tour comme celle de la Société Générale n'était pas forcément une bonne idée.

Mais très vite, la télévision s'est mis à diffuser les nouvelles images du crash d'un gros avion de ligne dans la seconde tour. Il y était entré comme dans un gâteau et s'était engouffré entièrement dans l'immeuble, de la tête à la queue. Il avait immédiatement explosé. Une terrifiante boule de feu avait envahi le ciel. Elle avait enveloppé le haut du World Trade Center d'un immonde manteau rouge et noir. L'angoisse s'installait. Les médias évoquaient trois, puis quatre, puis sept avions en errance dans le ciel. Ils avançaient la liste des nombreuses cibles potentielles, à commencer par la Maison Blanche. Ils parlaient de victimes par milliers.

Plus tard, on apprendra que la police et les services secrets américains n'avaient pas eu assez d'imagination pour anticiper la destruction totale du symbole de la puissance financière américaine par quelques pilotes formés sur le tas et munis de cutters. Tous les systèmes de contrôle étaient bâtis sur la protection contre les attaques, pas contre le suicide de destruction massive. Il n'était pas prévu qu'un avion se transforme en bombe incendiaire. Une tour de bureaux pouvait supporter le choc d'un jet privé, mais pas celui d'un avion de ligne bourré de kérosène.

J'avais immédiatement appelé Daniel. Il était dans son bureau, devant CNN lui aussi. Il venait d'avoir le patron de la Société Générale aux États-Unis, qui était basé Midtown dans Manhattan. Daniel avait fait un premier point avec lui par téléphone satellitaire dont chaque implantation était équipée dans le cadre de la gestion des risques opérationnels et des plans de secours de la banque.

– Avez-vous pu vérifier si nous comptions des victimes ? demanda Daniel.

– Je me suis entretenu avec les bureaux et filiales de Downtown, répondit-il. Il n'y a pas *a priori* de victimes parmi les collaborateurs de la banque.

– *A priori* seulement.

– Les équipes ont été évacuées du périmètre de sécurité.

– Quelles instructions avez-vous donné au personnel ?

– J'ai laissé à chacun le choix de partir ou de rester dans la tour de l'avenue of Americas parce que je ne suis pas capable de définir quel endroit est le plus sûr : le bureau ? La rue ? Les gares ? Le métro ? J'ai dit à tous les chefs de services et, par leur intermédiaire, aux deux mille salariés de New York, qu'ils étaient libres de rester ou de rentrer chez eux.

C'était avant l'ordre d'évacuation donné par la police. Tout le monde s'était ensuite retrouvé dans la rue, en silence, sans savoir où aller. Les transports en commun étaient fermés. Les portables ne passaient pas. Personne ne savait ce qu'il était advenu, l'angoisse montait, Midtown s'égarait dans la désinformation.

Dans la foulée, Daniel avait appelé tous ses grands confrères français et étrangers pour se mettre à leur disposition en cas de pépin grave chez eux. Il leur avait proposé l'aide de la banque. Puis il avait convoqué un comité exécutif exceptionnel pour 18 heures, heure française, 10 heures à New York, auquel se joindraient en *conference call*, ses équipes dirigeantes américaines.

Plus de vingt personnes s'étaient rassemblées devant le petit écran du 34e étage de la banque, sans un bruit. Elles étaient toutes suspendues aux spéculations des journalistes sur les autres avions, sur les auteurs et sur le nombre potentiel de victimes. C'est alors que la première tour s'était effondrée en direct. Puis, quelque temps après, la seconde. Sous le choc, plus personne n'était capable de retourner travailler. Il était impossible de se concentrer sur autre chose. En retournant à mon bureau, je vis que plus de quarante personnes s'étaient figées face à CNN. Elles n'avaient pas de télévision à leur étage et avaient suivi le début des événements sur les fils de Reuters et de Bloomberg, du nom du fondateur et propriétaire de cette agence d'informations financières qui allait devenir quelques semaines plus tard maire de New York.

À 18 heures, Daniel avait commencé par l'état des lieux.

– Les immeubles de la banque ?

– Pas touchés !

– Les victimes à déplorer dans les troupes ?

– Aucune à notre connaissance, même si nous n'avons pas encore totalement vérifié si quelqu'un était en rendez-vous extérieur dans une des deux Tours du WTC. En revanche beaucoup de salariés sont inquiets pour leurs proches dont ils n'ont aucune nouvelle.

Nous avons décidé de renforcer le contrôle des accès et de ne laisser entrer et sortir personne sans badge.

– L'informatique ?

– En état de marche, aucun problème détecté, ni Downtown, ni Midtown, ni les *back-up* du New Jersey.

Les messages arrivaient simultanément des autres implantations : Londres fonctionnait normalement. Les équipes étaient en place. Il avait été décidé de ne pas évacuer les immeubles anglais bien que d'autres grandes entreprises l'aient fait à Canary Wharf, mais de se plier aux mesures dictées par les autorités britanniques (qui n'en dictèrent pas) et de renforcer, là aussi, la sécurité. Les systèmes des autres implantations, toutes interconnectées, étaient intacts.

Partiellement rassuré sur ses troupes, le comité avait ensuite passé en revue le fonctionnement de la banque.

– Les risques de liquidité ?

– La FED alimentera. La question des règlements en dollars est importante. La trésorerie dollar risque de se dégrader si nos paiements sont assurés alors que dans l'autre sens, ceux des banques américaines sont suspendus : je ne peux agir qu'avec le *backing* complet de la FED, qui devrait injecter les sommes nécessaires.

– J'appellerai la Banque de France, dit Daniel, pour m'assurer que la Banque centrale européenne a bien vu le sujet avec la Federal Reserve.

Il fallait être efficace. Il fallait que le système financier résiste à ce choc formidable. Les banques centrales se devaient d'éviter le risque de crise financière systémique par des injections massives de liquidités et des baisses de leurs taux directeurs. La Réserve fédérale allait injecter les centaines de milliards de dollars de liquidités nécessaires ; le taux objectif des *fed funds* serait baissé de plus de cinquante points de base avant la réouverture des marchés boursiers. La BCE suivrait. Ainsi que les banques centrales de l'ensemble des pays développés.

– Les positions des salles de marchés sur les taux et les changes ?

– Elles sont à la baisse et l'attentat accentue la pente des courbes mais la banque est positionnée dans le bon sens.

– Les matières premières, le pétrole, le franc suisse ?

– Rien d'inquiétant.

– Les positions sur actions en Bourse ?

– Seul persiste un risque sur les obligations convertibles de quelques millions d'euros et un risque un peu plus élevé sur les dérivés actions.

Le seul risque résiduel en réalité est celui de corrélation, mais Daniel ne pensait pas que cela se produirait. Les marchés doivent rester ouverts parce que personne ne savait gérer l'absence de liquidités pendant plusieurs jours et que, sur le plan politique, cela serait un succès pour les terroristes. Les transactions à gros volumes seront toutefois évitées.

– Les risques sur les compagnies d'assurance et de réassurance ?

– Peu de visibilité.

– Les risques pour l'ensemble du système ?

– Pas de grosses inquiétudes.

– Les risques de contrepartie sur activités de *trading* de matières première ?

– La disparition totale ou partielle d'équipes de nos confrères, contreparties de la banque, dans les deux tours est inquiétante : certaines positions n'ont pas été bouclées.

– Les salles de marchés de secours (*back-up*) ?

– Rien de dramatique *a priori*. Elles seront toutes testées et la fréquence des mises à jour des données dupliquées sera accrue.

La structure en réseau du système financier permettait aux places européennes et asiatiques de continuer à fonctionner sans interrompre les cotations et transactions. La réouverture des marchés américains, prévue le 17 septembre, pourrait certainement s'opérer sans problèmes majeurs. La solidarité entre institutions financières se manifestait avec force.

– Les clients ?

– Quelques inquiétudes, mais pas de panique. Les collaborateurs du groupe renforceront leur présence auprès d'eux pour les rassurer.

Enfin, les projets de déplacement au Moyen-Orient seront réexaminés par les collaborateurs, qui resteront libres de les reporter eux-mêmes ou de les annuler.

Les jours suivants montrèrent les drames des familles de victimes, les milliers de portraits de disparus affichés dans les villes, la générosité des donateurs et les soutiens des entreprises et des États aux associations caritatives.

Pendant ce temps, la FED réfléchissait à un plan de sortie de crise rapide. Elle opta pour une relance spectaculaire : des taux bas, la consommation poussée au maximum, le crédit facile, l'accès à la propriété pour tous et le développement à outrance des *subprimes*... Relancer la machine par le crédit fut la réponse de la plus grande puissance mondiale à l'attaque terroriste sur son sol. Le consommateur américain allait noyer son inquiétude et retrouver son optimisme dans une frénésie d'achats. La croissance allait régler les problèmes planétaires par un effet d'entraînement. Les Américains créaient ainsi la plus grande bulle spéculative de tous les siècles, mais ils ne le savaient pas encore – et nous non plus.

Dans mon lit, ces images du 11-Septembre envahissent à nouveau mon esprit. J'ai le sentiment que nous avons entre les mains une bombe qui va nous exploser à la figure. Je n'ai aucune idée de la manière dont on peut s'en sortir.

Je me rends compte que je ne connais même pas le nom du trader.

Première nuit blanche.

21 janvier 2008, 7 h 30

Retour au bureau.

Daniel apprend l'effondrement des marchés asiatiques pendant la nuit. Une baisse très importante des indices européens va suivre.

Il confirme à Jean-Pierre Mustier et ses adjoints que le débouclage est inéluctable. Il prévient Jean-Pierre et Luc François que le déchaînement médiatique va être terrible et qu'ils ne feront vraisemblablement plus partie de la banque dans quelques jours.

Dès son arrivée, Luc appelle son meilleur trader, Axel, et le prévient qu'une mission spéciale lui est confiée. Elle commence immédiatement. Axel ne sait pas de quoi il s'agit, ni combien de temps cela durera. Il ignore la taille des opérations qu'il doit réaliser. Il s'installe devant son desk et attend. Luc lui dicte les premiers ordres de débouclage par oral. Il calibre parfaitement les tailles pour occuper son trader durant une première tranche d'une heure. Axel ne pourra commencer à les exécuter qu'une demi-heure après l'ouverture des marchés, manuellement un par un, en respectant scrupuleusement les volumes du marché, pour ne pas influer sur la tendance.

Christian, Frédéric Oudéa et moi rejoignons le bureau de Daniel pour partager nos réflexions de la nuit. Ou plutôt nos questions. Nous sommes dans le noir. Tout dépendra de la quantité de perte supplémentaire sur ces 50 foutus milliards d'engagement. La journée commence mal. Les indices asiatiques se sont effondrés pendant la nuit et le CAC 40 vient d'ouvrir en très forte baisse !

Daniel : « Nous allons préparer deux communiqués. Celui sur les *monolines*, avec les nominaux, et un second avec les impacts sur les *Colleteralized Debts Obligations*, qui donnera la photographie totale de nos dépréciations du trimestre. Même si la perte est de l'ordre de 5 milliards, nous resterions bénéficiaires sur l'année. On paiera le dividende en actions ou on le réduira fortement, cela représentera un milliard de sortie de *cash* en moins. On cédera aussi les actions détenues en autocontrôle pour un autre milliard. S'il n'en manque qu'un et demi, ce sera gérable. »

Tout va très vite, comme dans le cockpit d'un avion en détresse. Pas d'adjectifs. Des phrases courtes, claires, brutales. L'unité de compte est le milliard d'euros. Un rapide calcul fait apparaître un obstacle : les banques sont soumises à des objectifs de ratios sur leurs fonds propres. La perte risque de faire passer la Société Générale dans le rouge.

Frédéric : « Le problème, c'est le *Tier One*. Pour tenir l'objectif de 7,5 %, il nous manque deux milliards. C'est beaucoup. »

Daniel : « Si la perte est supérieure à cinq milliards, nous sommes très mal. L'arbre de décision est simple : soit on lève du capital d'ici trois mois pour revenir à un ratio de fonds propres de 7,5 %, soit on devra se vendre. »

Moi : « Nous devons réfléchir au calendrier des annonces : les dépréciations liées à notre exposition au *subprime*, les pertes liées au débouclage des positions du *rogue trader* et les conséquences catastrophiques sur le résultat. On ne peut pas procéder en plusieurs étapes. Si l'on s'y prend à trois fois, on passera pour des margoulins. »

Christian : « Nous sommes obligés de faire un *profit warning* très vite compte tenu des attentes du marché. Les analystes connaissent notre exposition sur les *subprimes* et notre méthode de dépréciation. Ils exigent de voir nos nouvelles hypothèses de dégradation du marché. Sur le *rogue trader*, nous ne pourrons communiquer que quand la position sera entièrement débouclée, dans une semaine au mieux. Nous communiquerons dans un second temps en évoquant la clause de *non disclosure* pour motif de défense des intérêts légitimes de la société. »

Daniel : « Il faut se répartir les chantiers. Frédéric, vous mettez vos équipes sur deux sujets : la vente du groupe en urgence ou la vente de bijoux de famille pour des montants de un, trois, cinq ou sept milliards. Au-delà, nous sommes morts, nationalisés ou adossés. Cela commence avec l'immobilier et se termine avec les filiales les plus chères. Vous travaillez avec votre adjoint aux finances pour trouver du capital : cela pourrait être fait rapidement avec nos grands actionnaires actuels si la perte est de l'ordre de un à deux milliards, après impôts et après dividende. Cela coûterait 50 à 60 points de base de *Tier One* et le ramènerait à 7,1 % : il faudra alors retrouver 1,5 à 2 milliards, soit l'équivalent de l'autocontrôle, que nous pourrons céder. Si la perte est de plus de 5 milliards, il faudra faire comme les Suisses et les Américains et aller chercher en urgence les fonds souverains. Faites-moi faire un calendrier des prises de contact. Christian, vous convoquez un nouveau conseil d'administration pour mercredi ou jeudi, nous devrons leur exposer toutes ces hypothèses. Hugues, vous travaillez seul sur les scénarios de communication pour chacune des hypothèses et plusieurs calendriers. »

Moi : « Le plus dur sera de tenir face aux rumeurs. Vendredi, plusieurs analystes nous ont déjà dit que notre communication n'était plus appropriée compte tenu des dégradations du marché immobilier américain. Des rumeurs sur les pertes gigantesques liées aux *monolines* circulaient de source supposée Banque de France ou interne. Nous recevons des mails du monde entier disant : *Please, make a statement.* »

Un *statement*, c'est un communiqué en anglais.

Daniel : « Vous gérez. »

Une demi-heure après l'ouverture des marchés, vers 9 h 30, Axel, le trader, reçoit un texto de Luc. Les ordres portent sur les indices Dax et Eurostoxx. Il opère minutieusement ses ventes. Il n'est pas mis au courant de la situation, ni des montants de la position à déboucler, ni des raisons qui poussent sa direction à agir ainsi. La nature de l'ordre qui lui est communiqué consiste à travailler sur un pourcentage du volume traité sur le marché. Il ne sait pas si cette mission va durer une heure ou une matinée… Il est très loin d'imaginer qu'en réalité, il va y passer la semaine. Il reste calme, précis. Il fait le job.

Un peu plus tard dans la matinée, Luc François appelle Axel et lui demande de se déplacer dans une salle isolée où il a fait installer un poste de travail connecté hors de la salle de marchés. Il ne veut pas qu'il ait de contacts avec ses camarades. Il continue à dicter les opérations à traiter au compte-gouttes, sans dire à son trader combien de temps il devra être cantonné à cette activité mystérieuse. Ce dernier poursuit ses opérations sur les trois marchés concernés : il ne dépasse pas la troisième limite du carnet d'ordres, soit 0,1 % plus bas que le dernier cours traité. Il pense qu'il s'agit de couvertures internes, de positions très illiquides d'activités de crédit. Il n'imagine pas une seule seconde qu'il s'agit du débouclage d'une énorme position frauduleuse. Ni lui ni le marché ne connaissent la taille des positions. Chaque ordre donné par Luc peut être le dernier.

Jean-Pierre Mustier, revenu dans son bureau, fait un point avec ses auditeurs, il m'appelle :

– On va pouvoir déboucler plus que prévu aujourd'hui, il y a beaucoup de volume. En revanche, c'est la pire journée depuis septembre 2001, le marché s'effondre de 8 %. On va aussi perdre un maximum.

– Lève le pied, ce sera mieux demain.

– Je n'ai pas le droit, ça peut être pire demain. Mon mandat est de déboucler le maximum dans la limite de 10 % des volumes. C'est ce que Daniel a décidé avec le gouverneur.

– Putain ! Si cela continue à ce rythme, 8 % de 50 milliards, cela fait 4 milliards partis en fumée…

– Je fais préparer une fiche explicative pour le Conseil de mercredi soir. Tu verras comment cela s'est produit en détail. Cette fiche sera aussi donnée au régulateur, qui devra la distribuer à toutes les banques et à tous les autres régulateurs du monde, qui feront de même localement.

– Tu la leur donnes aussi mercredi ?

– Oui.

– On n'a pas le choix, il faudra tout annoncer jeudi avant Bourse, même si tu n'as pas tout débouclé.

– Tu auras aussi les mesures d'urgence prises sur les *back offices* pour éviter toute répétition du problème.

– Et le trader, il est où ?

– Je ne sais pas. Ce que je sais, c'est qu'il est toujours en contact avec notre médecin. Il est en région parisienne et il ne semble pas suicidaire, contrairement à ce que j'imaginais samedi soir.

– Sur la communication, je prépare un message de Daniel à tous les collaborateurs. Tu dois en préparer un pour tes propres équipes, qui seront les plus déstabilisées.

– OK, je me focaliserai sur les mesures à prendre et sur le boulot : le business doit continuer, il faudra qu'ils continuent de fonctionner avec les clients.

– Ils devront prévenir les clients avant qu'ils l'apprennent dans la presse.

– Ils doivent rester motivés, il faut que je parle de leurs bonus, sur lesquels il n'y aura pas d'impact.

– Tu vas devoir virer des gens ?

– Les responsables hiérarchiques du trader, certainement. Je regarde aussi du côté des responsables du contrôle interne.

– Les départs devront être annoncés en même temps que la perte et la fraude.

11 h 30

Je suis seul dans mon bureau. J'écris, seul moyen de fixer ma pensée. Je note un à un mes objectifs de communication.

D'abord préserver le système financier. Nous devons éviter tout phénomène de panique chez les clients, pas de queues devant les agences comme durant l'été précédent en Angleterre. La Société Générale est cent fois plus grosse, les conséquences seraient infiniment plus graves et pourraient entraîner tout le secteur en France et à l'international. Pour cela, il faut accepter de prendre toute la responsabilité sur nous et accepter de dire que le problème n'aurait pas pu arriver chez un concurrent. L'argument portera vis-à-vis du public.

Les banquiers eux sauront que notre tort est de ne pas avoir imaginé l'inimaginable : qu'un irresponsable soit suffisamment cinglé pour tricher, prendre des positions interdites jusqu'à 50 milliards, les masquer par des positions inverses qui annulent en apparence le risque, et que ce gars soit un ancien flic des contrôles internes pour pouvoir déjouer ses collègues… Le risque est « annulé » en apparence seulement parce que les positions sont prises avec des contreparties qui existent, mais avec qui aucune opération réelle n'est partagée : elles ne le savent pas. Le règlement censé arriver à échéance, un mois plus tard, ne vient jamais, car ces opérations sont annulées et remplacées ailleurs, avec d'autres contreparties fictives. Quand le fraudeur se faisait flasher, il produisait de faux documents de confirmation en fausse provenance de vraies banques.

Ce dingue risque de mettre au chômage les 160 000 salariés de la Société Générale et de provoquer une gigantesque panique à l'échelle mondiale. Chaque fois que je me mets à réfléchir, je dois repousser la colère, rester froid, objectiver. C'est à moi d'annoncer la nouvelle. Je n'ai pas le droit de me laisser gagner par l'émotion.

Le second objectif consiste à rassurer sur la Société Générale elle-même : le problème est identifié, la position sera liquidée ou en cours de liquidation, les contrôles internes renforcés, le trader viré, la recapitalisation est en marche… Quand j'aligne les arguments de communication, je grimace. Restent beaucoup trop d'incertitudes et de processus en cours. C'est la pire des positions dans la guerre des mots qui s'annonce.

Troisième objectif, mobiliser les troupes pour éviter un « coup de blues » trop fort et trop long, qui pourrait paniquer les clients et mettre en péril le business. Se concentrer sur la communication interne : lettre du président aux salariés, modèles de lettres en français et en anglais à diffuser par mails aux clients, par catégories (particuliers, professions libérales, artisans, commerçants, petites et moyennes entreprises, très grandes entreprises, investisseurs, etc.), argumentaires, jeux de questions et réponses, tout cela doit être prêt pour diffusion à sept heures du matin le jour J.

Sur la communication externe, outre le *statement* en cas de fuite, qui permettra de gagner du temps, je travaille sur plusieurs hypothèses de traitement des mauvaises nouvelles : *subprime* seul, avec *monolines*, avec pertes sur fraude identifiées ou estimées, avec ou sans solde à liquider, plus ou moins monstrueux. Les formes vont du communiqué de presse ciblé à la conférence de presse globale, tous médias, en passant par les scénarios de *conference call* avec ou sans interviews parallèles de Daniel Bouton, et/ou de Frédéric Oudéa, et pourquoi pas Philippe Citerne, qui supervise à la fois les risques et la banque de financement et d'investissement. Mais sera-t-il solide, fiable ? Les inconnues de toutes ces équations sont nombreuses. Je me mets à plancher sur un arbre de décisions ainsi que sur une liste des tâches à remplir et à répartir. Elle me permettra au fur et à mesure de doser, préciser, densifier, puis décider.

Christophe Mianné, le numéro deux de la banque d'investissement et Luc François envoient leurs lettres de démission à Daniel. Il les lit et se dit qu'il va devoir les accepter. Il donnera aussi la sienne au conseil d'administration. Se séparer de ces deux hommes le rend malade. Il considère que ce sont les meilleurs au monde.

Le Comité exécutif se réunit. Daniel a décidé de l'informer de la catastrophe. La moitié seulement des membres est au courant depuis la veille. Daniel a demandé à chacun de garder cela pour lui jusqu'à nouvel ordre, compte tenu du risque de fuite. La réunion ne dure qu'une heure. Daniel présente le drame et les différentes hypothèses.

Tous les nouveaux prévenus sont tétanisés et abasourdis dans leurs fauteuils. Leurs questions ne portent pas sur les solutions mais sur la compréhension du sujet. Elles se focalisent sur Jean-Pierre :

– Comment un trader de ce niveau peut-il constituer une position de cette taille ?

– Pourquoi les *back offices* n'ont-ils rien vu ?

– Depuis combien de temps ce garçon jouait-il à ce jeu fou ?

– Et les *frontoffices* ? et les contrôles de risques ? les audits internes ? Les contrôles opérationnels, financiers ? de contrepartie ?

Jean-Pierre n'a encore que très peu de réponses, des pistes seulement, les inspecteurs de la banque travaillent d'arrache-pied sur tous ces sujets. Ils doivent analyser des milliers d'opérations quotidiennes portant sur des volumes très importants, en remontant les mois, les trimestres et peut-être les années…

– Le problème, dis-je, c'est que nous devons communiquer dès que tu as débouclé et que je n'ai aucune idée de comment je vais raconter tout cela. Je ne sais toujours pas ce qui s'est passé précisément.

– Les marchés sont dégueulasses, dit Frédéric. Vendredi soir, nous avions déjà perdu 2,8 milliards depuis début 2008 sur les positions frauduleuses, ce qui en solde net avec ce qu'il a fait en 2007, ramène la perte à 1,4 milliard. Les marchés américains sont fermés aujourd'hui, la bourse asiatique s'est effondrée cette nuit et tous les indices européens ouvrent en forte baisse !

J'insiste :

– Passe-moi les rapports d'inspection au fil de l'eau, je n'ai pas besoin des versions finales, j'ai juste besoin de biscuits pour construire l'histoire. Comment évalues-tu le risque de fuites ?

– Très élevés : cela sortira avant demain, on n'y peut rien. Pourtant, j'ai fait le maximum pour que le débouclage ne se voie pas sur le marché : nous n'intervenons pas à l'ouverture, mais une demi-heure après, nous ne dépassons pas 10 % des volumes en cours…

– Combien de traders débouclent les 50 milliards ?

– Un seul !

– Tu es malade !

– J'ai 100 % confiance. Il déboucle en pourcentage du marché les trois indices, mais il n'a pas de vision globale de sa mission. On lui donne de nouveaux ordres dès qu'il a effectué le quota imparti. On s'adapte en fonction du volume traité par le marché. Luc gère.

23 h 00

Réunion de coordination sur la crise.

Miracle, aucune fuite sérieuse n'a eu lieu dans la journée. Jean-Pierre commence : il a pu larguer 20 milliards, compte tenu des très forts volumes de la journée, mais la perte cumulée s'élève à plus de 4 milliards. Comme il ne reste plus que 30 milliards, le point de baisse des marchés le lendemain ne compte plus que pour 300 millions et non 500 comme la veille. Il estime la perte totale à moins de 7 milliards et pense pouvoir tout balancer avant le jeudi 24 janvier, si les volumes restent aussi importants, ce qui est possible compte tenu de la réouverture des marchés américains le lendemain. Les contrôles de tous les *back offices* ont été mis en place, le déploiement sera terminé mercredi soir.

Le directeur des risques a commencé son travail avec la Banque de France et la Banque centrale européenne, il a analysé toutes ses lignes et ses besoins de liquidité et se veut rassurant : les injections nécessaires auront lieu. Ils pourront faire des *swaps* euro dollar. Ils ont par ailleurs des lignes de liquidités discrètes prévues en cas de sinistres majeurs, appelées *emergency liquidity advences*. Ils ont analysé les mouvements de trésorerie *intraday* et se sont coordonnés avec les autres banques centrales. La banque devrait tenir le choc de l'annonce même si les contreparties habituelles se débinaient lors des prochaines échéances.

Daniel a vu le gouverneur en tête à tête deux heures plus tôt ; ce dernier est d'accord pour ne prévenir le gouvernement que mardi soir ou mercredi seulement.

J'annonce que la véritable histoire sera difficilement crédible : « On ne peut pas dire qu'il s'agit d'un trader isolé, nous serons obligés de construire notre communication autour des défaillances de chaînes de contrôle. »

Jean-Pierre Mustier acquiesce, mais il veut parler de défaillances humaines : la faille concerne des transactions très simples ; il ne s'agit en aucun cas des systèmes de gestion des risques de marché ou des risques de crédit, qui forgent la réputation de la Société Générale depuis des années. Cela n'a rien à voir avec le cœur du réacteur nucléaire de la banque, les modèles mathématiques des dérivés actions : « Toutes les limites sont contrôlées tous les jours par les chaînes de risques indépendantes. Elles le sont aussi par les *back offices* avant chaque fin de mois. Le problème est que ce trader masquait ses prises de positions avec des positions fictives inverses, qu'il annulait ici et replaçait là, dans un autre *back office*, juste avant ces échéances. Il aurait dû être détecté, mais cela n'était possible que par les hommes. »

– Peut-être, lui dis-je, mais je ne m'explique toujours pas comment il a pu construire une position de cette taille en quinze jours début 2008.

– Il s'agit d'une conjonction extraordinaire de défaillances de contrôle de la part de ses supérieurs hiérarchiques directs, répond Jean-Pierre. Ils lui faisaient confiance *a priori*, c'est là l'erreur magistrale.

– Ton explication est trop rapide. Personne n'avalera cela. Quels sont les contrôles qui n'ont pas été effectués ?

– Les systèmes ont produit des alertes, mais la parfaite connaissance des contrôles par le trader, lui-même ancien contrôleur, lui a permis de les contourner en produisant des faux…

– Mais la taille des positions ! Les nominaux ! La trésorerie !

– Cela devait être vu par son N + 1… qui lui faisait confiance.

– J'ai besoin d'une version détaillée de l'histoire pour demain midi.

– Les inspecteurs y travaillent.

– Les responsabilités devront être établies, précise Daniel, et les mesures à l'encontre des responsables, prises.

– Oui.

La réunion s'éternise jusque vers deux heures du

matin. Suivent les sujets sur le refinancement de la banque : faut-il se précipiter en émettant cinq milliards d'obligations convertibles et en allant chercher des fonds souverains ? La faisabilité sera étudiée par Philippe Citerne, qui connaît bien les investisseurs asiatiques, de Singapour et des pays du Golfe. La piste d'une augmentation de capital réservée à certains investisseurs amis est aussi étudiée, mais elle nécessite une assemblée générale extraordinaire, ce qui prend beaucoup trop de temps. Restent deux pistes. Une augmentation de capital normale, délai de cinq semaines, risque élevé de ne pas trouver les fonds. Dernière hypothèse, l'adossement à une autre banque :

– Unicredit ? s'aventure Philippe, toujours porté sur la péninsule.

– Il n'a pas de *cash* en ce moment.

– Santander ?

– Il a déjà donné en 1999, là, il va nous étouffer puis nous démanteler.

– Avec un étranger, même européen, ce sera trop long à négocier, si tant est qu'il ait confiance *a priori* dans ce que nous lui racontons.

– De plus, le temps que les régulateurs des deux pays se parlent…

– On est morts.

Silence. Personne ne se décide, je me lance :

– Reste la BNP.

Re-silence de quelques secondes. Les regards se croisent, tout le monde y a pensé depuis le début, mais personne n'a osé prononcer le nom de notre premier concurrent.

– Ils vont se faire prier, dit le directeur des risques.

– Ils vont jubiler, se désole le directeur de la banque de détail, ils vont se pourlécher les babines.

– Ils vont faire semblant d'hésiter, dit le responsable de la stratégie, mais ils finiront par accepter.

– Ils nous étrangleront, avance Jean-Pierre.

– Ils feront une offre *in fine*, mais à prix ultra cassé, se désole Philippe.

– Ils vont nous massacrer en proposant 40 euros par action ! dit Frédéric.

– C'est mieux que rien, il faut y aller tout de suite, s'affole un autre, sinon on est morts !

– Ce n'est pas possible, proteste Christian.

– Oui, allons-y, avant de créer le désastre dans les rues.

– Pas de panique ! lance Daniel.

– Si, il faut paniquer ! on n'a pas le choix ! Il faut s'adosser tout de suite, rétorque Philippe qui semble en transes.

– Non, il faut étudier toutes les solutions, dit Daniel très calmement.

– Ce sera vite fait… lui répond rageusement Philippe.

– Donnons-nous tout de même 24 heures, tranche Daniel.

– Il faut s'entourer d'avis externes, répond le directeur de la stratégie.

– C'est trop long, on perd du temps, dit Jean-Pierre.

– Ils nous diront de nous mettre sous tutelle de la Banque de France, bougonne Philippe.

La dynamique de groupe frôle la panique. Daniel sent le danger. Il coupe brutalement son numéro 2.

– Des têtes froides !

– Elles réfléchiront trop lentement, fonçons ! tranche Christian, affolé.

– Un banquier d'affaires américain ? demande le stratège.

– Aucun ne pourra garantir 5 milliards dans les conditions de marché actuelles et dans le timing imparti, répond le directeur des risques.

– Une augmentation de capital de 5 milliards ? à monter en trente-six heures ? avec quelques contreparties ? il n'y en a qu'un, c'est Donald, notre contact chez Morgan Stanley. C'est lui qui nous connaît le mieux. Il sait la qualité de notre banque. Je vais réfléchir cette nuit. Il est probable que je l'appelle tôt demain, dit Daniel.

22 janvier 2008

2 h 14 du matin, le petit comité se sépare, sans espoir. Daniel tente d'échapper à son destin, mais je pense qu'il n'a aucune chance de convaincre en si peu de temps. Ce soir, il devra passer à la casserole, appeler Michel Pébereau, le P.-D.G. de la BNP, avaler un chapelet de couleuvres et manger son chapeau jusqu'à la dernière bouchée. Il devra compter sur son bon vouloir. Pébereau est capable de se donner du temps pour casser le prix d'offre. Sa main tendue ne sortira de sa poche qu'une fois le vaisseau sur le point de couler.

Chacun rentre chez soi la tête rentrée dans les épaules, la mine défaite et les idées noires : un moment qu'on aimerait ne pas vivre, et par-dessus le marché, il va falloir raconter à chaque conjoint, concubin ou copain une carabistouille qui ne l'alarme pas, faire semblant d'être bien, lui dire que la journée était aussi dense que belle et écouter les nerfs à vif ses aventures du jour, qui paraîtront fades et insouciantes, en se demandant comment on lui apprendra bientôt la catastrophe.

J'arrive chez moi. Cela fait deux jours que je n'ai

pas d'horaires et que je n'appelle pas de la journée. Ma femme me le reproche :

– Je t'ai appelé cinq fois aujourd'hui et tu n'as jamais daigné décrocher.

– J'ai des journées un peu chargées en ce moment.

– Tu passes ton dimanche au bureau, puis tu y restes dix-huit heures le lundi et tu appelles ça « un peu chargé ? »

– C'est très chargé.

– De quoi s'agit-il ?

– Je te l'ai dit hier, c'est secret, c'est au sujet des *subprimes*.

– Je n'en crois pas un mot.

Elle a raison. Je mets mon réveil à 5 h 30. Mais cela ne sert à rien. Je gamberge encore toute la nuit, ma tension est telle que je n'arrive pas à faire le vide. À cinq heures, je me lève d'un bond et file à La Défense.

6 h 30

Je sais que Daniel doit appeler Donald Moore, le patron Europe de Morgan Stanley. J'imagine la scène. Il est dans son bureau. Il prend un bloc de papier à en-tête Société Générale siglé « Le Président ». Il fouille dans sa poche intérieure de veste, attrape son Pocket pc, le met sous tension, la batterie est quasi vide, Daniel a toujours été maladroit avec les appareils électroniques. Il en extrait le stylet, appuie sur contacts, tape d-o-n-a, le nom Donald s'affiche, il appuie sur appeler mobile, remet le stylet, porte l'appareil à son oreille gauche de façon à garder libre sa main droite. Le téléphone sonne une fois, puis deux, trois, quatre et raccroche. Il reprend le stylet, sélectionne la touche envoyer un SMS, tape le message : « *call me back asap*[1] », appuie sur envoyer message, range le stylet, regarde l'appareil qui affiche message envoyé, l'éteint, le remet dans sa poche, regarde sa feuille blanche avec le titre de sa fonction dessus et se dit : « pas pour longtemps ».

La poche de Daniel vibre, il prend son téléphone, regarde l'appelant, voit le nom de Donald s'afficher, décroche. Voilà ce qu'ils se disent, d'après ce que j'ai pu reconstituer :

– Bonjour Daniel ! Qu'est-ce qui se passe ?

– J'ai un problème énorme. J'ai besoin de te voir en toute confidentialité le plus vite possible.

– Je suis à Shanghai… La ligne n'est pas sûre. Je prends un avion pour Hong Kong et je t'appelle.

Donald Moore rappelle Daniel cinq heures plus tard. Devant l'urgence, il prend la décision de se rendre immédiatement à Paris.

10 h 00

Comme chaque mardi matin, j'anime le comité de coordination des équipes de communication, le « CoCom » hebdomadaire. Autour de la table, mes directeurs : relations presse, communication interne & information, publicité & marques, sponsoring & mécénat, responsable de l'animation de la filière des 500 communicants dans le monde, ressources humaines, secrétaire général du département.

Je commence par commenter les actualités de la semaine avant de me lancer dans le débriefing du comité exécutif du lundi. Sauf que le lundi 21 janvier, nous n'avons parlé que d'un sujet, celui du *rogue trader*, que je dois garder pour moi.

1. *As soon as possible.*

– Tiens, me dis-je, je ne connais toujours pas son nom…

Alors je détourne l'attention, sans mentir. J'analyse la crise du *subprime* américain et son impact sur les différentes banques, je dis que c'est beaucoup plus grave que prévu et explique que la communication initialement prévue le jeudi 24, puis ramenée au lundi 21, a finalement été refixée à la date initiale du jeudi, le comité des comptes ayant demandé des informations supplémentaires.

– Mais c'est intenable, se lamente mon attachée de presse, on se fait engueuler toute la journée par les journalistes.

– Je sais, ils sont poussés par les analystes financiers, qui savent que nous devons repasser plusieurs grosses couches de pertes.

– En interne, nous nous faisons incendier, me rétorque un autre responsable, ils lisent les rumeurs, les articles, ce silence ne nous ressemble pas.

– Tout le monde sait que nous allons faire un *profit warning*, l'attente est suspecte.

– Chaque jour qui passe nous discrédite, nous les avons habitués à la transparence et voilà que nous devenons les plus opaques du marché.

– Notre silence est assourdissant.

– On pourrait au moins leur dire que nous communiquerons jeudi.

Je suis d'accord avec tous ces commentaires, mais je ne peux rien dire. Je prends sur moi, tente de minimiser, puis j'improvise :

– La décision n'est pas encore prise par le conseil d'administration, je ne pourrai donner ce rendez-vous que lorsque je serai sûr de l'honorer.

– C'est impossible, nous ne tiendrons pas, nous avons cinquante médias par jour sur le sujet, ils nous harcèlent.

– Je sais que c'est très dur, nous allons naturellement communiquer, mais nous devons être précis. On ne pourra s'y prendre à deux fois. Pour cela, il nous faut encore un peu de temps. Tenez bon ! Je fais le maximum pour avancer la date. Tenez encore quelques jours.

Je sors de la réunion avec le moral au plus bas. Je n'ai pas aimé être flou. Et je sais que le jour de l'annonce sera encore plus difficile pour les collaborateurs en interne que pour le grand public en externe.

11 h 00

Daniel a convoqué le comité de crise. Il évoque l'ensemble des sujets et répartit les travaux : Liquidité, augmentation de capital ou émission d'une obligation convertible, fiscalité, budget 2008 corrigé des impacts, agences de notation, régulateur, Autorité des marchés, suivi des impacts clients par catégorie, aspects juridiques en France et à l'étranger, communication, ressources humaines, personne morale, filiales, administrateurs, investisseurs : là, il écarte les fonds vautours et les souverains, trop aliénants. Il distribue à chacun sa liste de commandes et fixe le prochain point le soir même. Il annonce qu'il doit voir Donald à midi et qu'il va tenter de lui faire garantir une augmentation de capital. Il donne la parole à Jean-Pierre, qui annonce de très forts volumes sur les marchés :

– Nous pensons pouvoir larguer encore 15 à 20 milliards dans la journée.

Il maintient son estimation de 7 milliards de pertes.

Nous sommes loin d'avoir réglé le sujet. L'ambiance reste glaçante. Chacun part avec sa commande, qu'il doit traiter seul !

21 h 00

Le comité de crise est réuni. Jean-Pierre Mustier annonce d'entrée qu'il a pu se délester de 20 milliards dans la journée sans pertes supplémentaires par rapport à la veille. C'est un miracle. Il a été aidé par la baisse des taux exceptionnelle de 75 points de base de la FED avant l'ouverture des marchés américains, en milieu de journée ici, qui a entraîné une hausse des marchés. Il ne lui reste que 10 milliards à balancer, chaque point de baisse d'indice ne coûte plus que 100 millions, les volumes permettront de vendre tout le solde le mercredi :

– La perte totale sera comprise entre 4,5 et 5 milliards ! annonce-t-il d'un ton soulagé.

– Cela nous donne un niveau de capital trop faible pour accompagner notre croissance, anticipe Jean-Pierre qui est déjà dans l'après crise et va toujours vite, cela reste au-dessous du niveau réglementaire, mais c'est moins épouvantable que ce que nous pouvions imaginer

– Arrêtez Jean-Pierre ! C'est encore épouvantable, le reprend Daniel : à ce niveau, c'est vrai que nous pourrions techniquement prendre trois mois pour boucler la recapitalisation, mais vous oubliez l'énorme problème de réputation qu'il nous reste à affronter : la liquidité pourrait théoriquement tenir à ce niveau de capital, mais la théorie ne compte pas : la défiance sera telle à notre égard que nous sommes quasiment sûrs de connaître une crise de liquidité. Par ailleurs, je doute que personne ne se jette sur nous dans l'intervalle, à commencer par BNP.

– La probabilité des deux est extrêmement forte, dit Philippe.

– Donc, nous devons aller très vite et annoncer la recapitalisation en même temps que la perte frauduleuse.

La communication doit avoir lieu dès que nous avons débouclé la totalité.

Cela nous laisse 24 heures pour boucler l'opération de recapitalisation reprend Daniel.

– Nous en sortirons avec un ratio de fonds propres très haut, supérieur à 8 %, plus élevé que tous nos pairs. Nous devons sortir plus forts de cette crise. Christian, regardez les impacts fiscaux.

– À ce stade, le risque de fuite est beaucoup moins important, dis-je.

– Je vais prévenir Bercy et L'Élysée demain dans la matinée, dit Daniel.

– Et Donald ? demande Frédéric.

– Il m'a écouté, il veut voir le pré-rapport interne avant de se prononcer, il ne pourra pas garantir seul l'augmentation de capital, il suggère de faire monter à bord une autre banque. Ils se décideront demain.

– Quand sera prêt le rapport ?

– J'avance, répond Jean-Pierre : je pense l'avoir en milieu de journée demain.

La réunion se termine vers une heure du matin. Le groupe se sépare. Chacun reviendra vers six heures. La journée du mercredi sera chargée : une recapitalisation à effectuer, les politiques à mettre dans la boucle, les agences de notation à briefer, le conseil d'administration à prévenir, les chiffres à lui faire valider, les annonces *subprime* à revoir, la fiscalité à étudier, la communication à écrire, ses impacts par cibles à estimer, les opérations à finaliser, le gouverneur à convaincre de laisser une nuit de plus, les investisseurs à tester. Et le rapport d'inspection à finaliser, pour le Conseil, le gouverneur, les banques conseil, les audits, les commissaires aux comptes, les agences de notation, le marché.

La nuit du 22 au 23 janvier est blanche.

C'est la troisième fois en trois jours, les visages se creusent sérieusement. Mais le cantonnement des pertes apporte à chacun une forme de soulagement. La pression, toujours très élevée, baisse d'un petit cran. Le pire semble évitable.

Mercredi 23 janvier 2008

Daniel arrive tôt au bureau. Il relit les documents préparés par Christian, Frédéric et Jean-Pierre pour le Conseil du soir où il devra tout révéler à l'ensemble de ses administrateurs. Ils s'attendent à une mauvaise nouvelle, le Conseil du dimanche précédent a été repoussé, cela ne s'est jamais vu, ils ont lu la quantité de rumeurs et vu l'état de la Bourse depuis le début de la semaine. Ce sont ces documents de base qui serviront à décliner tous les outils de communication. Il reste à remplir les cases avec les chiffres de la perte totale qui seront connus vers 17 h 30. Manque aussi la note complète que Jean-Pierre doit lui fournir à partir des données de ses inspecteurs et auditeurs pour comprendre les agissements et détournements de procédures du fraudeur, expliquer comment il contournait les contrôles, produisait des faux, roulait ses supérieurs et faisait tourner ses positions autour des alertes. Il doit fournir cette note au régulateur.

Daniel appelle Bercy et prévient Christine Lagarde, la ministre. L'appel est coordonné avec le gouverneur. Il lui annonce le problème et la solution. Christine Lagarde pose des questions rationnelles. Elle s'assure que tout a été fait dans les règles de l'art. Elle vérifie que les Autorités de contrôle et de marché étaient bien dans la confidence. Elle constate que les procédures ont été respectées. La ministre annonce qu'elle demandera un rapport à la Banque de France et le rendra public, elle vérifie l'impact fiscal pour l'État français, souligne le problème, et s'assure que les sujets de liquidité et de trésorerie ont été vus avec le régulateur. Une fois rassurée, elle remercie Daniel de son appel, comprend la situation, le félicite d'avoir géré le sujet avec efficacité, demande si l'Élysée est au courant, constate que non, demande à Daniel de les prévenir immédiatement, ce qu'il comptait faire. La note explicative sera passée au gouverneur dans la soiré, traduite en anglais, elle sera passée à tous les régulateurs du monde, qui les distribueront à toutes les banques dans chaque pays le soir même. Christine Lagarde demandera publiquement un rapport, à produire sous dix jours afin de mettre en place les mesures correctrices qui éviteront toute possibilité de reproduction d'une telle fraude.

9 h 15

Daniel appelle ensuite l'Élysée. Il tombe sur l'un des plus proches conseillers du Président, qui découvre le sujet. Ce dernier s'étonne : comment avez-vous pensé qu'il ne fallait pas prévenir le Président ? Daniel lui explique son raisonnement. La discussion en reste là. Mais pour l'Élysée, c'est une faute originelle. Un crime de lèse-Président. Nous allons apprendre à nos dépends que c'est une situation inacceptable pour un homme élu sept mois auparavant avec 53 % des voix.

9 h 30

Je suis seul dans mon bureau. Je pense à Daniel Bouton et à Nicolas Sarkozy. C'était mon conseil de ne pas l'appeler. Le gouverneur de la Banque de France et le président de l'AMF ont été d'accord. Nous avons évité la fuite, mais choqué l'Élysée. L'après-crise sera d'autant plus dure à gérer.

La position sera totalement larguée dans la journée. Jean-Pierre Mustier m'a confirmé qu'il devrait avoir fini juste avant la fermeture des marchés. Nous ne serons pas obligés de communiquer tout de suite. Le gouverneur va demander à l'AMF une suspension du cours de la Société Générale pour permettre aux investisseurs de comprendre l'ampleur de l'information et de la digérer. Jean-Pierre voit avec soulagement s'épuiser les dernières positions en fin d'après-midi. La banque a le temps de préparer sa communication durant la nuit, avant l'ouverture du marché le lendemain.

Parallèlement, les banquiers, les juristes, les agences de notation, les commissaires aux comptes, les auditeurs, les inspecteurs, les financiers, les responsables des risques et ceux de ressources humaines travaillent à la compréhension du sujet. Ils passent en revue les notations de la banque, les estimations de résultats, les impacts fiscaux, le dimensionnement de l'augmentation de capital, la liste des dépréciations liées aux *subprimes*. Ils ne cherchent pas à édulcorer le bilan. Quitte à en prendre plein la gueule, autant y aller et ne pas avoir à en repasser l'année prochaine !

Je décide de prévenir mes deux adjoints les plus proches, en fin de matinée, et de réunir nos équipes et agences de relations presse et publicité, en début d'après-midi. Je m'appuie sur l'expérience de l'OPA de 1999, quand la BNP avait voulu avaler la Société Générale. La cellule de crise avait été maintenue durant cinq mois, de 7 heures à 23 heures Je m'attends au même régime. Je sais que les journées devront être très cadencées. Je sais que je n'aurai bientôt plus le temps de réfléchir et que je passerai mes journées à gérer les urgences qui se « tuileront » les unes sur les autres, parfois en cascade. Le rôle des agences de communication sera d'accompagner mes équipes, et non de faire le travail à leur place. Ce sont mes équipes de presse qui resteront en *front office* pour prendre tous les appels. Elles réaliseront tous les jours à 7 heures une synthèse de presse française et internationale : en période de crise, je n'aurai pas le temps de tout lire. Cette synthèse me permettra d'avoir une vision globale et de sélectionner les trois articles à faire lire à tous les dirigeants. Nos équipes internes participeront aux deux *brain-storming*s quotidiens que j'organiserai sur la tactique. Elles consolideront les déclarations de politiques, chercheurs, universitaires, partenaires sociaux, consultants et autres observateurs et me feront un tableau chaque soir : date, nom, support d'expression, fonction, *verbatim*. Elles réaliseront les sondages et organiseront les remontées du terrain, donneront leur regard extérieur, toujours très utile, pour la préparation des réponses pour chaque argumentaire. Elles proposeront les stratégies publicitaires.

Mais auparavant, j'annote la liste des opérations de communication à dérouler le lendemain.

– Communiqué post-Conseil : *relecture après 19 heures.*

– Description fraude : *attente note définitive Jean-Pierre.*

– Questions-réponses / Fraude : *en cours, toujours beaucoup d'inconnues.*

– Questions-réponses global avec augmentation de capital : *OK.*

– Messages clés pour équipes de relations presse et agences : *à finaliser.*

– Message interne de Daniel pour tous les collaborateurs : *à finaliser à partir du communiqué.*

– Questions-réponses accompagnant le message interne de Daniel : *à simplifier.*

– Message cadres sup : *OK.*

– Messages clés managers de la banque d'investissement, les plus directement touchés : *en cours.*

– Questions-réponses pour les investisseurs : *à voir avec Frédéric.*

– Lettre actionnaires individuels : *à mettre sur Internet et à envoyer.*

– Lettre clients *Retail* France et international : *à faire.*

– Lettre clients filiales : *à faire.*

– Lettres institutions financières et grandes entreprises : *à faire.*

– Questions-réponses clients par catégorie : *à faire.*

– Listes nominatives des principales personnes à contacter au téléphone : Investisseurs. Analystes. Journalistes. Agences. Autorités. Contreparties. Collaborateurs clés. Partenaires sociaux. Cette liste est tenue à jour régulièrement, je relis tous les noms et me dis qu'il n'y a pas d'oubli majeur.

Pour m'accompagner en relations avec la presse, outre ses équipes en France, à Londres, à New York, Hong-Kong et dans les principaux pays où la banque est installée, je reprends les fiches que je tiens à jour chaque mois sur toutes les agences de communication spécialisées. Je les connais par cœur. Je m'arrête sur

Image 7 qui a vécu une expérience similaire avec le Crédit Agricole l'été précédent, dans une mesure bien moindre. Je sais ce que tous les journalistes m'en disent, en bien et en mal, j'évalue les forces et faiblesses. J'ai toute la liste de leurs clients sous les yeux, leurs principaux consultants, les CV des dirigeants. Je pense aussi que si le Crédit Agricole l'autorise à rompre ponctuellement sa clause d'exclusivité, cela signifiera qu'ils n'ont pas d'objectifs hostiles à l'égard de la Société Générale. J'appelle aussi Aria Partners, nouvelle société créée par l'ancien rédacteur en chef du *Figaro*, qui avait rejoint Havas pour s'occuper de la communication des dirigeants de la BNP depuis deux ans. Pour Londres, j'ai un contrat avec Financial Dynamics, que je vais étendre au reste du monde. Je sélectionne aussi mon agence habituelle de *communication corporate* : Harrison & Wolf, très efficace sur les contenus, la publicité, les éditions, les intranets et extranets. À mon avis, ce sont les meilleurs dans ce domaine.

Les choix de cette journée sont essentiels. Dans le cœur du cyclone, nous ne pourrons pas changer de partenaires.

10 h 11

Comme prévu, je préviens mon adjointe, responsable des relations avec les médias, ainsi que mon directeur de la communication interne. Le coup est rude. Je les rassure en donnant aussitôt la solution de l'augmentation de capital garantie par les deux banques américaines, mais ils sont en état de choc. Leur réaction m'aide à mesurer la violence de l'annonce publique du lendemain. Notre petit groupe ne dort plus depuis dimanche soir, mais nous sommes désormais rassurés, car nous avons évité le pire. Il faut effacer ce soulagement de notre esprit. Nous devons nous rappeler notre état de stupéfaction lorsque nous avons appris la nouvelle…

Je saisis que la communication tant externe qu'interne va être extrêmement difficile. Je ne leur parle pas de notre angoisse quatre jours auparavant. Je dresse une ligne à mes collaborateurs : l'ampleur des retombées médiatiques importe peu. Elles seront énormes. Ce qu'il faut, c'est cantonner l'écho dans le temps. Notre ennemi sera la durée et la succession de plusieurs vagues, comme autant de rebondissements, qui feront de plus en plus mal à la banque. Nous devrons donc donner le maximum d'informations dès le début, en toute transparence, de façon à limiter l'exposition médiatique. Il faut éviter l'installation d'un feuilleton et ne pas entretenir les polémiques annexes qui surgiront.

15 h 00

Je réunis les agences sélectionnées, les responsables de communication de chacune des branches opérationnelles de la banque, les cinq directeurs de départements sous ma responsabilité, mon secrétaire général, la collaboratrice qui anime les communicants dans le monde et leur décris le tableau. J'annonce le plan d'action du lendemain matin et le programme de travail de la fin de journée et de la nuit. Je leur impose la confidentialité, répartis les rôles et tout le monde se met au travail. La cellule de crise est organisée. Le secrétaire général s'occupera de la logistique : PC, Internet, imprimantes, téléphones sécurisés, salle de restauration, lits à l'infirmerie pour ceux qui voudront se reposer, boissons, fruits, badges sécurisés, orchestration des plannings, relevés de décision, etc.

15 h 30

Le conseil d'administration est mis au courant alors que la position est totalement débouclée. La solution de l'augmentation de capital lui est livrée clés en main. Les membres restent placides. On entend les mouches voler. Daniel Bouton présente sa démission. Elle est refusée. Jean-Pierre Mustier fait de même. Résultat identique. Philippe Citerne aussi. Le procès-verbal dira que les trois ont pris leurs responsabilités et ont démissionné, mais que les administrateurs leur ont demandé de gérer cette crise. Qui d'autre aurait pu le faire ? Les administrateurs valident en bloc le projet de recapitalisation et félicitent Daniel sur sa gestion « impeccable » de cette première phase de la crise.

17 h 45

La note explicative des services d'inspection est remise à Jean-Pierre, qui la diffuse aux membres du comité exécutif. J'en lis tous les détails.

C'est à ce moment précis que je découvre le nom du trader : Jérôme Kerviel !

J'ai un frisson. Par réflexe, je regarde Facebook. Il a onze amis. En un éclair, la communication que nous devons délivrer change de nature. Je ne peux plus me contenter des objectifs donnés par Daniel : éviter la queue devant les guichets, mobiliser les collaborateurs et les outiller pour affronter les clients, réussir l'augmentation de capital en trois semaines… C'est insuffisant. Lorsque le fraudeur aura un visage, c'est son histoire qui captivera, soit pour la déplorer soit pour la célébrer. Avant lui, Albert Spaggiari, le cerveau du casse de Nice en 1976 (à… la Société Générale) était devenu un héros national. Je me dis que la Société Générale vient de subir un second « casse du siècle ». Cela fait beaucoup pour une seule banque. Je décide de tout faire pour garantir l'anonymat du trader. Je masque le nom avant de faire lire la note à mes principaux collaborateurs.

Ce document fiche la trouille. Il montre clairement comment contourner les contrôles. Il explique *de facto* que tout individu qui a passé quelques années dans les services de contrôle de la banque et qui connaît l'évolution des procédures peut abuser tout le monde et construire des positions frauduleuses gigantesques. J'estime que ce rapport n'est pas publiable en l'état et qu'il va fragiliser les autres banques. Je décide de scinder les annonces en trois étages. Une première phase de révélations sur la fraude, la perte subie par la banque et l'augmentation de capital, qui va envahir les médias, en corrigeant l'émotion, le lendemain, par une interview en profondeur de Daniel. Lorsque cette phase de surprise, d'incompréhension et de colère sera passée, je diffuserai, dans un deuxième temps, une synthèse de la note explicative, plus rationnelle, sur les techniques détaillées utilisées par le fraudeur. Je l'enverrai deux jours après, en l'appuyant par une interview sur une radio généraliste, le matin. La troisième phase sera moins grand public. Elle consistera à donner à la presse financière une série d'interviews d'experts pour répondre à l'ensemble des questions qui seront posées par les professionnels.

Après ces trois phases sur la fraude, la communication se concentrera sur l'augmentation de capital et la stratégie de croissance de l'entreprise. Cela durera trois semaines, après quoi il faudra recréer une dynamique autour de la Société Générale. Je mets ce programme à l'ordre du jour de ma réunion de la nuit avec les agences.

18 h 00

La note est envoyée au régulateur, qui va la distribuer à tous ses pairs ainsi qu'aux patrons de toutes les banques françaises. Daniel appelle ses grands concurrents français et internationaux pour les informer et régler les problèmes de liquidités entre eux.

18 h 30

Bonne nouvelle : Le directeur des risques m'annonce qu'il a briefé tout l'après-midi les agences de notation, Moody's, Standard & Poors et Fitch. Elles ont fait le tour du sujet, elles ne dégradent que d'un seul *notch* la notation de la banque, ce qui sera très rassurant pour l'opinion et les marchés.

19 h 00

Je vais saluer les administrateurs. Ils sont déconfits. Mais la réaction de la direction les impressionne. Le responsable du comité des comptes, un très grand patron britannique, me prend par le bras et me dit :

– Daniel a fait un travail colossal. Il a géré cette crise de manière maîtrisée. En trois jours, il a réglé le problème et trouvé la solution. Le travail effectué auprès du régulateur, des commissaires aux comptes, des agences de notation, des banquiers-conseils, des autorités de marché, etc. est exemplaire : vous verrez, Hugues, ce cas sera pendant cent ans le meilleur cas de gestion de crise dans les manuels de Harvard.

Je hoche la tête, mais ne peux m'empêcher de penser : pourvu que demain les clients pensent la même chose…

Je redescends voir les équipes de communication pour faire le point. Elles tournent à plein régime, mais le travail est colossal. Beaucoup de documents ne sont pas finalisés. Je me demande si la nuit sera suffisante pour inscrire « OK » en face de chaque point de ma *to do list*. Je suis inquiet.

Je corrige les copies, redistribue les tâches et je remonte voir Daniel. Je le trouve aussi épuisé qu'éprouvé. Il m'avoue :

– Je n'ai pas dormi depuis trois jours !

Il semble cependant soulagé du débouclage et du comportement de toutes les parties prenantes. Il redoute l'annonce du lendemain. Je lui dis que tout est en ordre :

– Allez vous coucher, laissez-nous travailler. Demain vous devez être en forme ; vous aurez tous les documents à l'aube quand vous reviendrez.

Daniel me demande quand même de lui transmettre le projet de message au personnel et les lettres qu'il doit signer aux différentes catégories de clients. Il prend les documents, les corrige et accepte de rentrer chez lui. Il est 22 heures. Je sais que rien ne sera prêt avant l'aube, soit quelques heures seulement avant l'annonce publique. C'est court : nous n'aurons pas de recul. Sur le document prévu pour répondre à l'ensemble des questions sur la fraude, seules un tiers des réponses sont prêtes. Je demande aux inspecteurs d'accélérer leur travail, mais beaucoup d'éléments restent à comprendre ou à vérifier.

En attendant, je balaie le déroulement de la journée du lendemain.

Fil conducteur :

– 7 h 30 : Enregistrement radio interne et N° Vert actionnaires d'un message de Daniel. Mise en ligne à 8 h 00.

– 7 h 45 : Communiqué interne + convocation 600 cadres sup à réunion soir avec Daniel. Mail de Daniel à l'ensemble des collaborateurs + Éléments de réponse.

– 8 h 00 : Envoi communiqué externe. Mise en ligne Société Générale.com et intranets. Appels journalistes /convocation à la conférence de presse. Appels investisseurs & analystes.

– 9 h 00 : *Conference call* investisseurs.

– 11 h 00 : Point presse avec Daniel, Philippe, Jean-Pierre, Frédéric.

– 13 h 00 : Déjeuner de presse *off the record.*

– 18 h 00 : Réunion interne, 600 invités.

Je reste jusqu'à deux heures du matin avec les équipes. Je dois, moi aussi, me reposer. Après quatre jours, je commence à avoir des troubles de concentration. Il faut que je sois d'attaque pour une rude journée. Une quinzaine de personnes vont faire le tour du cadran pour finaliser le jeu de questions-réponses : elles dormiront demain.

TEMPS II

Le déferlement

Jeudi 24 janvier 2008, 7 h 45

Le mail interne destiné à toute la banque part. En France, les premiers collaborateurs sont arrivés au bureau depuis une heure : ceux qui travaillent avec l'Asie notamment, mais aussi les analystes et stratégistes qui doivent préparer les *morning meetings* et les flashs d'information à diffuser à leurs clients avant leur arrivée. Tous reçoivent le message de Daniel en français et en anglais. La lecture du document, terrifiant et inattendu, provoque un cocktail inédit de sentiments contradictoires : goûts et arrière-goûts se mélangent et laissent une forme de trace inoubliable au fond de la gorge : âpre, acide puis piquante.

Nathalie[1], 32 ans, opère dans les salles de marchés de la Société Générale. Elle est au bureau depuis une demi-heure. Pour son *morning meeting*, elle a épluché les dépêches de la nuit, mis en perspective les données chiffrées, analysé les annonces du jour et préparé les pistes d'investissements à conseiller. Elle est concentrée sur son ordinateur lorsqu'un « bling » lui annonce l'arrivée d'un nouveau mail. Elle clique sur l'icône *Lotus Note* et sursaute en voyant qu'il s'agit d'un message du président de sa banque. Il est 13 h 00 à Hong-Kong, 15 h 00 à Tokyo, 01 h 00 à New York et 6 h 00 à Londres.

1. Le prénom a été masqué.

Madame, Monsieur,
Notre banque s'apprêtait en début de semaine à annoncer un bénéfice élevé pour l'année 2007, malgré le coût significatif de la crise des marchés financiers et l'impact négatif des crédits subprimes américains.
Mais nous avons découvert ce week-end une fraude d'une ampleur sans précédent commise par un opérateur de notre département actions [...]
Nous avons prévenu immédiatement la Banque de France, l'Autorité des marchés financiers, nos commissaires aux comptes et le comité des comptes du conseil d'administration dès que nous avons eu connaissance de cette fraude. Le débouclage de cette position a dû être fait dans les marchés très difficiles de ce début de semaine. Il en résulte une perte considérable de 5 milliards d'euros. Le trader responsable de la fraude a immédiatement été mis à pied. Il quittera le Groupe ainsi que les personnes en charge de sa supervision. [...]
Malgré cela, le Groupe restera bénéficiaire avec un résultat de 700 millions d'euros sur l'année. Une opération de recapitalisation d'un montant de 5,5 milliards d'euros va être lancée dans les prochains jours, elle est garantie par deux grandes banques internationales : JP Morgan et Morgan Stanley. Cette opération nous permettra de poursuivre notre développement. [...]
Je suis absolument désolé de vous annoncer cette très mauvaise nouvelle. Je suis tout à fait conscient de l'impact que cela peut avoir sur l'image de notre entreprise et sur vous-mêmes et je vous présente mes regrets au nom de tous les membres du Comité exécutif.

C'est signé Daniel Bouton.

Nathalie relit une seconde fois le texte sur son écran. Elle est fébrile. Cinq milliards partis en fumée ! Le plus grand scandale de l'histoire financière. Avec l'immédiateté et la globalité d'Internet, il aura plus d'impact que tout autre casse, détournement, *rogue trading* ou faillite depuis l'invention des banques au Moyen Âge. Nathalie devient blême, vacille dans son fauteuil et laisse reposer son cou sur son dossier, fixant les lumières rondes du plafond. Elle ferme les yeux. C'est inconcevable. Ses mains tremblent. Dans quelques minutes, la réputation de l'établissement qui l'emploie sera détruite. Les clients risquent de fuir en courant cette banque passoire. Elle sera la risée du monde entier. Son job peut disparaître…

Ses yeux s'embuent.

Partout dans la banque, au guichet à Grenoble, à Prague ou Bucarest, à Madagascar ou Dakar, des dizaines de milliers de collaborateurs découvrent la nouvelle en arrivant au bureau ce jeudi matin, à la radio dans leur voiture, sur la Toile, dans leur boîte mail, par un collègue de bureau ou un proche, au téléphone. Pour des dizaines de milliers de collaborateurs, c'est la panique.

À cette première réaction, succède un début d'incrédulité, suivi d'une incompréhension technique, avant une franche montée de colère. Naît progressivement un sentiment d'humiliation et de honte d'appartenir à cet ensemble défaillant. Il est suivi de crainte, puis de vertige et de panique. Chacun s'interroge sur sa situation personnelle. Peur de perdre son emploi, peur du regard des autres, des nouveaux embauchés qui se sentiront trahis, des concurrents qui se moqueront et en tireront les profits, des clients dont certains seront sarcastiques – il voit très bien lesquels – et d'autres compassionnels – ce qui sera peut-être pire. Peur de voir son épargne – essentiellement composée d'actions de la banque – partir en fumée, comme pour Enron. Tout cela en quelques minutes. Chacun relit trois fois, reste immobile sur son fauteuil de bureau.

Nathalie veut téléphoner, tend la main vers l'appareil, mais ne décroche pas. Elle veut réfléchir encore, lire à nouveau. Elle pense à sa famille, à ses collègues, à ses clients. Elle s'effondre et se ressaisit, finit par se lever et aller à la rencontre du premier collègue. Ils parlent, échangent, s'effraient, se rassurent, se séparent. En chemin, elle croise un ami, elle liste les hypothèses en faisant la grimace. Elle retourne à son bureau, relit le mail, voit le jeu de questions-réponses, comprend un peu mieux, se rassure, élabore déjà le discours qu'elle pourra tenir aux autres, s'enfonce dans son fauteuil. Elle tente d'écrire, n'y arrive pas, se relève, va revoir ses collègues. Ils prennent un café, discutent, reviennent à leur table de travail. Ils se prennent la tête entre les mains, cherchent une radio, regardent Internet, lisent et écoutent les médias. Tous comprennent petit à petit que le sujet est réel. Et que la Société Générale entre dans une zone de turbulences encore inconnues.

En arrivant au bureau, l'ensemble des responsables de salles de marchés de toutes les grandes banques européennes découvrent la nouvelle. Les banques asiatiques les reçoivent au même moment, mais le soleil est déjà bien descendu à Hong-Kong. New York en prendra connaissance au petit matin six heures plus tard. La plupart ont déjà entendu la nouvelle à la radio, certains ont déjà « *forwardé* » depuis leur Blackberry les mails qu'ils ont reçus de leurs relations de la Société Générale. Tous sont estomaqués. Ils consacreront une semaine à passer au peigne fin l'ensemble des positions de leurs traders. Ils vérifieront trois fois qu'un problème identique ne s'est pas produit chez eux. Ils savent qu'un *rogue trader* peut faire déraper leur banque, comme au Crédit Agricole l'été précédent, dans une configuration de marché qui en avait atténué l'impact. La position de leur trader était pourtant presque équivalente, elle agrégeait alors pour 40 milliards de dollars de lignes directionnelles : la bonne tenue des marchés leur avait permis de n'enregistrer que 350 millions de pertes, ce qui n'avait pas provoqué d'émotion particulière.

8 h 00

Le communiqué externe sort.

8 h 03

Première dépêche, celle de Reuters : « Société Générale says hit by 4.9-billion-euro fraud ! »

Tout est public.

Les Français dans leur voiture écoutent la tranche du matin (le 7-9), la plus forte en audience de la journée. Les programmes sont coupés, les journalistes annoncent sur un ton dramatique : « La Société Générale vient de révéler avoir été victime d'une fraude de 5 milliards, à laquelle s'ajoutent 2 milliards de dépréciations liées à la crise des subprimes, soit 7 milliards de perte. »

La plupart des collaborateurs l'apprennent ainsi. Ils sont incrédules, vérifient parfois la même info sur une autre chaîne. Certains fondent en larmes en imaginant leur « maison » qui s'écroule. Des conséquences cauchemardesques leur viennent à l'esprit. Les gestes sont fébriles. Ils ont beaucoup de mal à fixer leur pensée. Ceux qui n'écoutent pas la radio se rendent au travail sans se rendre compte de ce qui se passe. Ils se disent que la journée va être belle ou morne, en tous les cas insouciante. En arrivant au bureau, ils vivront le syndrome de 7 h 45, celui que les collègues matinaux, ceux des marchés, ont subi avec une ou deux heures d'avance.

Le plus délicat pour moi est de prendre la mesure du choc chez ceux qui ne connaissent pas la nouvelle. Depuis une semaine, nous sommes passés par tellement d'émotions violentes, accrues par le secret, les insomnies, les rebondissements de l'affaire, qu'une carapace s'est formée en nous.

8 h 30

L'Autorité des marchés financiers annonce qu'à la demande de la banque, son cours de Bourse sera suspendu jusqu'à nouvel ordre.

9 h 00

Conference call en anglais avec les analystes et les investisseurs. Les banquiers-conseils et équipes de relations investisseurs, de communication financière, stratèges, juristes et responsables opérationnels et fonctionnels de la banque sont autour de la grande table de la salle du Codir, une vingtaine de personnes au total, avec leurs gros dossiers « stabylobossés ». Introduction factuelle de Daniel, explicitation technique de Jean-Pierre, réassurance chiffrée de Frédéric : le résultat de l'année, déjà pré-audité par les commissaires aux comptes sera tout de même bénéficiaire, les agences de notation maintiennent un *rating* élevé, signe que les business ne sont pas atteints, une augmentation de capital est garantie par les deux grandes banques américaines.

Les questions durent deux heures, elles sont aussi denses que précises et rationnelles, elles portent essentiellement sur la fraude et les contournements des systèmes de contrôle. C'est un choc violent, niveau sept sur l'échelle de Richter, proche de l'épicentre, mais sans effondrement d'immeubles. Restera à rassurer sur l'état des activités et la qualité rehaussée des contrôles.

9 h 20

Les agences de presse et radios spécialisées annoncent que les agences de notation dégradent d'un *notch* la solidité financière et les perspectives de la banque.

10 h 50

J'apporte en fin de *conference call* avec les investisseurs internationaux, la déclaration que doit lire Daniel devant les médias, en ouverture de la conférence de presse. Elle doit être courte et servir aux télévisions et radios, qui la passeront en boucle dans la journée. Je demande à Philippe Citerne d'entourer Daniel lors de cette lecture pour montrer que l'équipe est soudée, un symbole important dans ce genre de crises.

Je donne son texte à Daniel, je l'ai calibré en cent mots pour qu'il dure une minute, je connais parfaitement le rythme lent du débit du président. Les journalistes sont en place dans l'auditorium de la banque. Il est l'heure de descendre affronter les caméras. C'est le moment le plus difficile, les trois coups avant le lever du rideau. Le feuilleton va durer de longues semaines, rien ne sera épargné à la banque et à son management. Il ne faut pas rater cette scène inaugurale.

11 h 00

Nous entrons dans l'auditorium de la banque. Par fonction, je connais la moitié des 150 journalistes présents : *Les Échos*, *La Tribune*, *L'Agefi*, *Le Figaro*, *Wall Street Journal*, *Financial Times*, *International Herald*

Tribune, les quotidiens nationaux et internationaux, *Le Monde*, *Times*, *El Pais*, *Il Sole*, le *Frankfürter*, allemands, britanniques, italiens et espagnols notamment, les rédacteurs des hebdomadaires, *L'Express*, *Le Point*, *Match*, *Challenges*, *Le Nouvel Observateur*, *The Economist*, *Business Week*, certains chroniqueurs de radios, Europe 1, RTL, les agences de presse, AFP, Reuters, Bloomberg, AP Dow Jones, les télévisions spécialisées, CNN, CNBC, Bloomberg TV.

Je connais la courbe d'audience de chacun, la structure de son public. Avec les agences de publicité et de communication, nous engouffrons chaque semaine des milliers de données pour cibler les campagnes, les messages. C'est notre job. Pour les médias audiovisuels, j'ai en tête le nombre d'auditeurs par quart d'heure moyen tout au long de la journée. Pour la presse écrite, je connais le taux de circulation et l'audience Internet. Je tiens à jour en permanence un fichier avec toutes ces données. Dès qu'une étude sort, j'actualise méticuleusement mes fiches. Par réflexe professionnel, quand je lis un article, écoute la radio, ou regarde une émission de télévision, je pense au nombre de personnes qui le font en même temps que moi. Je connais aussi les actionnaires et dirigeants de chaque média, ainsi que leurs résultats économiques et financiers. Cela fait vingt ans que je baigne dans ce milieu. Quand je vois des journalistes, la plus grande partie de la conversation porte sur l'évolution des médias.

Mais ce jour-là, je ne reconnais pas l'autre moitié de la salle, constituée par les envoyés spéciaux des médias très grand public, des journaux télévisés, tous ceux qui traiteront le sujet entre vingt secondes et trois minutes, en direct. Il y a même la presse *people*.

11 h 05

Daniel entre dans l'auditorium, les flashes crépitent, les photographes l'appellent, le hèlent, pour attirer son regard vers leurs objectifs. Je le suis. Je lui indique l'estrade et me dirige vers le pupitre. Je scrute l'auditorium. Devant moi, trois rangées de caméras. Tout va très vite dans ma tête. Je me dis que l'information va faire le tour du monde, que notre vie va tourner autour de cette histoire pendant des mois, que la pièce est jetée en l'air et que personne ne sait sur quelle face elle retombera…

Je cherche Philippe pour lui indiquer de se placer à côté de Daniel, mais je ne le vois pas. Il ne doit pas avoir très envie de se présenter face à la meute aux côtés de Daniel comme c'était pourtant prévu. Jean-Pierre et Frédéric sont entrés, mais ils restent à l'écart. Les journalistes s'impatientent. La salle gronde. Je me lance :

– Pour les télévisions, Daniel Bouton commencera par faire un *communiqué* officiel qui durera un peu moins d'une minute. Ensuite, nous entamerons la présentation globale avec Daniel Bouton, Jean-Pierre Mustier, le patron de la banque d'investissement et de financement, Frédéric Oudéa, le directeur financier, et Philippe Citerne, le directeur général délégué. Nous répondrons à l'ensemble des questions à l'issue de cette conférence.

Je me tourne vers le président :

– Daniel, quand vous voulez.

Daniel est seul sur l'estrade. Je me rappelle les crises dont j'ai dû assurer la gestion par le passé avant d'arriver à la Société Générale. Chaque fois, j'ai constaté le même phénomène de lâcheté, d'hypocrisie, de désolidarisation des équipes de direction. L'échec est solitaire. Philippe est gonflé de se mettre en retrait : il est le supérieur direct de Jean-Pierre. Dans l'organigramme, c'est lui le fusible avant Daniel, lui qui supervise la banque d'investissements, les gestions d'actifs, mais aussi les risques opérationnels. C'est sur son périmètre qu'est arrivée cette fraude et il se planque.

Daniel ne lit pas le communiqué. Il prend la parole deux fois plus longtemps que prévu. L'effet synthétique et la possibilité d'une reprise de ce passage par les télévisions s'évanouissent. Son propos manque d'assurance, il est ému, hésitant. Il se veut pédagogique et rassurant, mais il mord déjà sur le contenu de la présentation qui doit suivre.

Deux ans après, j'entends encore sa voix résonner quand je relis le « verbatim » de la conférence de presse. Elle est inscrite à jamais dans mon cortex, indissociable des heures violentes que nous venons de traverser.

« Mesdames, Messieurs, nous sommes réunis dans une circonstance tout à fait extraordinaire. En fait, nous avions prévu de vous réunir lundi matin pour vous dire que la Société Générale était en bonne santé. [...] Et puis, dans la journée de samedi, nous avons découvert l'existence d'une position dissimulée, complètement cachée, extérieure à nos livres à nous, mais logée dans notre champ d'activité de marché. Cette position dissimulée était d'une taille énorme et faisait courir des risques considérables à la banque et, si j'ose dire, à beaucoup d'opérateurs. J'ai bien entendu informé immédiatement le gouverneur de la Banque de France, le secrétaire général de l'AMF. Nous avons pris la décision de couper immédiatement, le plus rapidement possible, cette position. Par un supplément extraordinaire de malchance, le débouclage de cette position a commencé après le début de la chute des marchés initiée par la chute des marchés asiatiques. [...] Le Groupe est tellement solide, nos métiers sont tellement bons que, malgré cette fraude extraordinaire, nous allons dégager à la fin de l'année 2007 un résultat positif de plusieurs centaines de millions d'euros. [...] Nous n'avons pas de problème de solvabilité même après cette fraude. Ceci étant, pour continuer le développement profitable de tous nos métiers, le conseil d'administration a considéré qu'il était nécessaire de procéder à une augmentation de capital. Cette augmentation de capital est annoncée ce matin. Elle sera lancée dans les jours qui viennent. Tous les actionnaires seront appelés à y participer également avec des droits préférentiels de souscription. Je crois qu'ils peuvent compter sur la détermination formidable de tout le personnel de cette maison pour pallier complètement les conséquences de cette fraude complètement exceptionnelle. Merci de votre attention. »

Il rejoint la table où sont disposés les micros et les chevalets avec les noms des intervenants et s'assied à sa place, immédiatement rejoint par Jean-Pierre et Frédéric. Il décrit les impacts financiers, notamment les pertes liées aux subprimes, qui s'élèvent à plus de deux milliards en plus de la fraude. Il ne dit pas que le chiffre initialement prévu a été gonflé de plus de cinq cents millions sous la pression des banques d'investissement. Ces dernières ne voulaient pas que la banque soit suspectée d'en avoir sous-estimé les effets, alors que la période de *road show* qui commençait devait convaincre les investisseurs. Toutes les mauvaises nouvelles devaient être derrière, afin de dégager l'avenir. Pour réussir l'augmentation de capital, il ne doit y avoir aucune suspicion de pertes supplémentaires. Les hypothèses les plus drastiques du moment, celles de Goldman Sachs, ont ainsi été retenues.

Philippe arrive enfin, il s'installe à la droite de Daniel.

Imperturbable, ce dernier poursuit :

« J'ai bien entendu immédiatement remis ma démission au conseil d'administration qui a immédiatement décidé de ne pas accepter ma démission mais a au contraire renouvelé sa confiance en moi, renouvelé sa confiance dans le *business model* que nous avons bâti depuis des années et il m'a demandé de faire face à cette situation difficile et de remettre le Groupe dans une situation de croissance profitable. »

Daniel annonce la mise en place d'un « comité spécial, composé des présidents du comité des nominations et du comité d'audit et d'un administrateur indépendant » pour l'assister. Il détaille les sanctions : « L'employé qui a commis cette fraude ainsi que toutes les personnes de la ligne hiérarchique de supervision jusqu'au patron mondial des actions Société Générale ont quitté ou vont quitter le Groupe ainsi qu'un ou deux autres responsables. »

C'est au tour de Philippe de prendre la parole. Il s'éponge le front, remet sa mèche, ajuste nerveusement son micro, et se lance. Il est très mal à l'aise :

« La fraude que nous avons découverte a été faite par un trader qui était dans cette maison depuis un certain temps et qui, en plus, était passé par les *middle offices* et qui, à l'évidence, avait une connaissance aussi intime que perverse de nos procédures de contrôle. Il a procédé à des prises de position massives, frauduleuses, directionnelles sur les indices des contrats de *futures* européens pour spéculer aussi bien à la hausse qu'à la baisse. La nature des opérations n'a rien à voir avec ce qu'il était censé faire. La fraude a été découverte par nos services de risques. Les indices ont été détectés lors du dernier week-end. Nous avons bien sûr fait tout ce que vous pouvez imaginer que l'on puisse faire dans ce genre de cas pour vérifier l'ensemble des opérations. Ces investigations nous ont convaincus que nous avions affaire à un cas tout à fait exceptionnel de fraude maligne et à un cas individuel. […] Je fais ce métier depuis trente ans, nous avons une fraude qui n'a rien à voir avec le cœur de métier où elle s'est manifestée. C'est une fraude qui, dans sa nature, est assez simple quant aux supports mais l'employé a utilisé des techniques extrêmement sophistiquées de dissimulation. »

Jean-Pierre et Frédéric prennent ensuite la parole pour dévoiler les impacts de la crise *subprime* et détailler les comptes annuels, revus avec les commissaires aux comptes. Cela dure vingt minutes, les journalistes s'impatientent. Une grande majorité d'entre eux ne connaît rien aux termes financiers. Ils ont l'habitude de poser des questions à des policiers, des témoins de faits divers, des passants ou des stars le jour d'une « première ». En ce sens, ils sont représentatifs de la quasi-totalité du public auquel ils s'adressent. Ils boivent le calice jusqu'à la lie.

La conclusion de Daniel arrive enfin :

« Mesdames, Messieurs, permettez-moi en concluant de déposer aux pieds de tous nos actionnaires et notamment de tous nos actionnaires salariés nos excuses pour les événements terribles que nous avons découverts le week-end dernier […] Mesdames, Messieurs, à vous les questions. »

La première question tombe :

– Avez-vous porté plainte contre la personne ?

Daniel hésite, il ne s'y attendait pas. Il répond :
– La plainte est en cours de dépôt.

En réalité, les services juridiques de la banque n'étaient pas dans la cellule de crise, à cause du risque de fuite dans les médias. Ils ont été prévenus le matin même. Or, pour rédiger une plainte, il faut étudier précisément les qualificatifs juridiques exacts qui peuvent être invoqués, ce qui ne peut se faire qu'après l'analyse complète de la fraude par les auditeurs. Le temps judiciaire est plus long que le temps financier ou le temps médiatique. Ce décalage nous met d'emblée en porte-à-faux avec la réaction de bon sens des médias grand public : une fraude, une plainte.

– Quel est le nom du fraudeur et où est-il ?
– Un, nous ne divulguerons pas son nom. Deux, je ne sais pas où il est.
Une journaliste placée à côté de moi insiste tout bas pour que je lui lâche le nom. Je refuse.
– Vous avez parlé de 5 milliards de pertes. Quel était le montant de l'exposition ?
Jean-Pierre : Nous ne donnerons pas le montant de l'exposition, mais ces positions ont été prises au tout début de l'année 2008. Il s'agissait de positions longues sur des indices européens.
– Comment pouvez-vous rester silencieux sur le montant de l'exposition, compte tenu de la gravité des pertes et manifestement des déficiences du système de contrôle des risques ?
Daniel : Madame, est-ce que je peux corriger votre dernière phrase ? Déficience il y a eu, mais déficience du système du contrôle des risques, c'est inexact. Ce n'est pas une perte de *trading*. Ce n'est pas notre

métier de spéculer à la hausse ou à la baisse massivement sur les indices. Quelqu'un a construit une espèce d'entreprise dissimulée à l'intérieur de nos salles de marché. Parce qu'il avait travaillé plusieurs années dans nos *back offices*, qu'il connaissait parfaitement les procédures de contrôle, il a réussi à construire ces positions en réussissant chaque fois à cacher la position par d'autres positions qui, elles, étaient complètement fictives. Cet homme seul a réussi à échapper à toutes les couches de contrôles.

– Pensez-vous que l'opinion publique comprendra ces explications ? Allez-vous démissionner ?

Daniel : J'ai estimé de mon devoir, à simple titre moral, de présenter au conseil d'administration ma démission, de la même manière que Jean-Pierre m'a présenté sa démission. Et le conseil d'administration m'a très fermement demandé de continuer à traiter cette situation extrêmement difficile et de remettre la banque complètement sur les rails. J'accomplirai cette mission.

– Sommes-nous en face d'un gigantesque braquage de banque très sophistiqué ou y avait-il d'autres motivations qui ont guidé cette personne ?

Daniel : Je ne connais pas cet homme. Ses motivations sont totalement incompréhensibles. Il ne semble pas qu'il ait bénéficié de cette gigantesque fraude directement, mais il faudra des investigations plus poussées pour vérifier qu'il n'en a pas bénéficié à titre indirect.

– Il y a quelque chose que je ne comprends pas bien. Pourquoi n'avez-vous pas déposé une plainte dès la découverte de cette fraude ?

Daniel : La taille des positions était énorme et il serait devenu impossible de les couper si elles avaient été révélées. Si elles avaient été révélées, tout le marché se serait mis à jouer contre ces positions et contre la

Société Générale. Il était donc de notre devoir absolu d'essayer de couper ces positions avant de rendre publique l'information. Il y a eu le mouvement de marché partant des Bourses asiatiques, lundi, qui fait que les pertes sont énormes. La malchance de tomber sur la découverte de cette fraude en même temps que la chute des marchés, c'est une malchance au carré.

– Dans quelle mesure ces faits rendent-ils la Société Générale encore plus vulnérable à une OPA ? Sapent-ils l'image de ces activités spécifiques, qui étaient considérées comme les plus rentables ?

Daniel : S'agissant des banques, la confiance repose d'abord sur les capitaux propres. Ces derniers sont restaurés du fait de l'augmentation de capital. La confiance repose sur le *rating*. Nous avions l'un des meilleurs de toutes les banques du monde. Nous venons d'être mis sous surveillance négative, mais sans *downgrading* immédiat. Mes objectifs, pendant ces quatre jours qui n'ont pas été les plus agréables de notre vie, étaient de restaurer la totalité de la situation financière de la Société Générale et de m'assurer que nous puissions continuer à travailler avec la confiance de nos clients.

– Cela ne fait que cinq jours que vous avez découvert cette malversation. Comment pouvez-vous déjà conclure qu'elle n'a été le fait que d'une seule personne et qu'elle n'a été rendue possible par aucune complicité ? De plus, vous nous dites – et nous le comprenons très bien – que vous n'avertissez pas le public. Mais si avertir le public est une chose, avertir le procureur de la République en est une autre. Apparemment, l'employé n'est pas sous « main de justice » : il n'a pas subi d'interrogatoire. Il a désormais tout le temps de préparer sa défense. Je ne comprends donc pas très bien, sous cet angle, votre position.

Daniel reprend :

– Nos actions sont certainement éminemment discutables. S'il y a eu quelques rumeurs dans l'après-midi d'hier, il n'y a eu aucune fuite. L'intégrité du marché a fonctionné. À la date d'aujourd'hui, la confiance dans les banques ou dans la Société Générale n'est pas atteinte de manière significative.

Une journaliste réagit fortement à cette intervention, qui lui paraît totalement surréaliste. En patron de banque, Daniel est convaincu que les cinq jours noirs qu'il a traversés attestent de la solidité de la banque et de son crédit, notamment auprès des établissements qui vont participer à l'augmentation de capital. Mais pour l'auditorium son satisfecit est inaudible. Le public acquiesce bruyamment à la réaction de la journaliste.

Daniel se braque :

– Pas du tout. C'est cela qui est extraordinaire, Madame.

– Vous n'avez pas répondu à ma question.

– La plainte est en cours de dépôt.

– Le salarié incriminé n'a donc toujours pas été interrogé par la brigade financière ou les services financiers du parquet.

– Non.

– Est-il en France ? Est-il en fuite ?

– Je ne le sais pas.

– Savez-vous où il est ?

– Je ne le sais pas. Nous l'avons interrogé au bureau samedi soir et dimanche matin.

La salle commence à gronder, certains huent, la conférence de presse est de moins en moins contrôlable. Une journaliste le coupe, chacun est impatient de poser sa question :

– La confiance envers la Société Générale peut-elle

perdurer alors même qu'une « entreprise » dans l'entreprise a été mise en place à l'insu du management et de tous les systèmes de contrôle ?

– Le système de contrôle des risques n'est pas en cause. Le métier d'une banque comme la Société Générale n'est pas de prendre des positions directionnelles énormes, à la hausse ou à la baisse, sur les indices boursiers.

– Comment a-t-il fait ?

– Il a utilisé deux « livres » si j'ose dire. Dans le « livre » officiel Société Générale, il passait des opérations d'un montant n'attirant pas l'attention. Pourquoi n'attiraient-elles pas l'attention ? Parce qu'il passait, dans le même temps et sur les livres de la Société Générale, d'autres opérations qui annulaient les premières positions.

– Ils ne voient que la position complète ?

– Non : ils voient les deux. Les opérations engagées dans un souci de dissimulation étaient fictives. Le salarié les a déplacées, « roulées » et remplacées au fur et à mesure de tous les contrôles. Il avait connaissance du calendrier, du contrôle des positions en *value at-risk*, en résultat, en risque de contrepartie, etc. Il a eu l'intelligence, à chacune des étapes, de déplacer sa couverture fictive.

– S'est-il enrichi personnellement ?

– Nous ne le pensons pas.

– Pendant combien de temps a-t-il pu effectuer des opérations frauduleuses ? Comment des positions de dizaines de milliards d'euros ont-elles pu être prises en dehors des « livres » ?

– Pendant l'année 2007, il a pris des positions de ce type. En 2007, elles étaient gagnantes. De la même manière, il annulait ses positions gagnantes par des positions perdantes fictives. Nous ne le voyions pas. C'est là que résidait la grande subtilité de son subterfuge. Il a fini par se faire prendre par l'un de nos contrôles traditionnels : à un moment donné en effet, il a commis une erreur en passant une opération attirant l'attention de nos équipes de contrôle.

– Quelles sont ses motivations ? S'il ne s'est pas enrichi, quelles sont-elles ?

– Elles sont inconnues.

– Ses positions, qui ont été gagnantes à un certain moment, ont-elles généré, au 31 décembre 2007, des gains dans les comptes de la Société Générale ?

– Non, puisque nous ne les avions pas découvertes.

Jean-Pierre reprend la parole.

– Lorsque nous l'avons interrogé dans la nuit de samedi à dimanche, il imaginait, comme il nous l'a dit, avoir découvert des méthodes permettant de gagner de l'argent sur les marchés. Lorsque nous l'avons interrogé sur ses positions, il ne se référait qu'à la période durant laquelle il gagnait de l'argent, occultant les positions prises début janvier.

– L'avez-vous vu ?

Jean-Pierre : Je l'ai vu.

La salle s'agite de plus en plus, ils veulent le nom du trader, que la banque ne donne pas. La position est de plus en plus difficile à tenir. Les journalistes ont beaucoup de mal à adhérer à l'histoire que nous leur racontons. Les questions commencent à fuser dans le désordre. Certains commencent à se fâcher. Leurs questions deviennent agressives :

– Pensez-vous que le salarié en question a voulu lancer un défi à l'intelligence et à l'arrogance de la banque, ainsi qu'aux systèmes de contrôle ?

– Est-il techniquement possible de prendre de telles

positions sans bénéficier de complicités, externes ou internes ?

Jean-Pierre : Nous avons analysé en détail les positions qu'il a prises et la méthode qu'il utilisait. Il me paraît impossible qu'il ait pu travailler avec des complices : il était obligé de suivre, quasiment en temps réel, l'ensemble de ses positions et de rentrer de fausses positions. Il les modifiait extrêmement rapidement pour échapper à tous les contrôles. Nous avons également analysé les contacts qu'il a pu avoir : à ce stade je suis convaincu – mais j'ai peut-être tort – qu'il a agi seul.

De nouvelles questions fusent :

– Combien de personnes seront-elles démises de leurs fonctions ?

– S'il était impossible de constater les malversations, pourquoi d'autres salariés ont-ils été mis à pied ? Quid du nombre de personnes mises à pied ?

Daniel : Je ne sais pas si untel ou untel a commis une faute. Ce que je sais, c'est que la chaîne de supervision a laissé se constituer, qu'elle soit détectable ou pas, cette position frauduleuse. Par conséquent, nous sommes forcés…

Le ton de la salle est de plus en plus menaçant.

– S'il était impossible de constater des malversations, pourquoi d'autres salariés ont-ils été mis à pied ?

Daniel : La position n'a pas été détectée pendant trop longtemps. Mais nous avons fini par la détecter.

– Comment avez-vous pu la détecter ?

– Les positions sont contrôlées en termes de valeur de marché en risque (VAR), en termes de résultat brut, en termes d'exposition de marché et en termes de risque de contrepartie. À la fin du mois de décembre, le salarié évoqué a commis une erreur détectée par les contrôles portant sur les risques de contrepartie.

La multiplicité des contrôles est telle qu'il a fini par commettre une erreur…

Le même journaliste lui coupe la parole, il insiste : Quid du nombre de personnes démises de leurs fonctions ? Un autre rebondit avant la réponse, sans micro : Des salariés ont été licenciés parce que cette personne a fait une erreur. Si elle ne l'avait pas commise, la situation aurait perduré. Quid du nombre de personnes démises de leurs fonctions ?

Daniel : La chaîne hiérarchique a été « coupée » par l'effet de ces démissions naturelles, jusqu'au responsable mondial des opérations sur actions.

– Combien de personnes cela représente-t-il ?

Jean-Pierre : quatre ou cinq personnes.

Un journaliste s'interroge sur le futur de la banque :

– La Barings, victime de pertes dix fois moins élevées, avait été poussée à la fermeture.

Daniel : Je comprends parfaitement votre inquiétude. La Société Générale est solide dans l'ensemble de ses composantes, au contraire de la banque défunte dont vous avez cité le nom. Après l'augmentation de capital en effet, nos ratios *Tier One* seront plus élevés qu'ils ne l'étaient auparavant. De ce point de vue, la situation est totalement différente. La capacité de la Société Générale à continuer à servir ses clients ne fait aucun doute : sa capacité de prêt est même renforcée du fait de cette opération.

Daniel alterne des phases de modestie, de doute « je ne sais pas » « peut-être avons nous fait des erreurs » « nous sommes critiquables » et des élans de certitudes sur la santé de la banque, sa réputation, ses bénéfices. Ce courant alternatif est déstabilisant pour des journalistes qui découvrent depuis deux heures à peine la plus grande fraude bancaire de tous les temps. Les questions sont dures.

– La Société Générale a lésé ses actionnaires à trois reprises. La première est liée à la chute du cours de Bourse. La seconde découle de l'absence d'information en temps utile. Or, le règlement de l'AMF prévoit l'émission, à destination des marchés, d'une information dès qu'elle est connue par les dirigeants. Et vous vous apprêtez à léser, une nouvelle fois, les actionnaires, en diluant leurs actions dans une augmentation de capital. Ils bénéficieront d'un droit de souscription, mais on les voit mal l'exercer dans le climat actuel de défiance.

La salle acquiesce bruyamment. Le ton monte. Daniel se laisse enfermer, pousser dans les cordes. Il fronce des sourcils, il se demande comment se défaire de cette agressivité. Les questions tournent au vinaigre, les photographes saisissent l'occasion du passage à vide pour prendre des clichés désabusés.

Daniel se ressaisit :

– Bien entendu, le secrétaire général de l'AMF et le gouverneur de la Banque de France avaient été informés de la situation dès dimanche après-midi.

Journaliste [très agressive] : Monsieur le Président…

Daniel : Le règlement de l'AMF est bien fait : je n'ai pas le droit de porter à la connaissance des marchés une information lorsqu'elle est susceptible, de par sa seule divulgation, de porter atteinte, plus que son effet direct, aux intérêts des actionnaires et du marché

Journaliste : Vous n'avez pas besoin de cette augmentation de capital. Je ne comprends pas très bien.

Daniel : Tout un ensemble de nos métiers ne peut pas fonctionner avec un ratio de *Tier One* de 6,7 %. Notre objectif, approuvé par le régulateur, est de 7 à 7,5 %. En France et à l'étranger, nous finançons des entreprises : elles ont des besoins de financement. Comme vous le savez, la situation économique actuelle n'est pas très positive. Ne pas prêter d'argent du fait de ratios de fonds propres trop faibles, c'était ajouter un effet macroéconomique ou systémique inadmissible.

– Si je vous comprends bien, vous avez laissé cet homme sortir sur le parvis de La Défense, passeport en main, avant de déposer plainte deux ou trois jours après.

– Vous avez peut-être raison : peut-être avons-nous commis une erreur. Les autorités apprécieront. Le fait est que l'auteur d'une telle fraude, s'il s'enfuyait, serait retrouvé. Il n'y a pas le moindre doute là-dessus.

– [ton violent] Cette affaire est démente. Le Groupe est en train de perdre 5 milliards d'euros.

– Nous ne sommes pas en train de perdre 5 milliards d'euros mais de réduire notre résultat de cette somme. Au total, sur l'année, le résultat sera positif de 700 millions d'euros.

Les réactions deviennent inaudibles. Je souhaite calmer le brouhaha qui monte, je sens que Daniel et Jean-Pierre se laissent déborder. Par un effet de contamination, chaque journaliste s'enhardit et veut poser dix questions. Elles fusent de partout, de plus en plus menaçantes.

Je crains de ne pouvoir rétablir une situation de plus en plus tendue. Je me lève, retourne au pupitre. Cela surprend. Tout s'arrête. Je scrute la salle, pose ma voix pour paraître le plus affirmé possible :

– Bien, ça part un peu dans tous les sens. Nous allons prendre toutes les questions, mais une par une.

Je choisis un journaliste spécialisé, dont je sais que les questions seront rationnelles :

– Vous parlez d'une prise ferme de JPM et de

Morgan Stanley. De quelle nature cette prise ferme est-elle ? Comment ces banques, qui ont affiché des pertes massives dans un contexte d'insolvabilité des banques américaines, peuvent-elles venir en soutien de votre établissement ?

Daniel : Elles ne sont pas insolvables. Elles suivront l'augmentation de capital pour le montant évoqué précédemment. Je m'aperçois que je ne parviens pas à vous expliquer la responsabilité qui était la nôtre. Supposons que lundi soit survenu un événement international entraînant une chute massive des marchés, sur le modèle de la crise de 1987… Avec nos positions normales, nous aurions été en capacité de gérer la situation. Avec la position frauduleuse en revanche, la banque aurait été exposée à un choc externe d'une ampleur gigantesque. La perte aurait pu être un multiple de ce qu'elle a été. Comme l'écrivent tous les manuels, il faut couper au plus vite les positions. Nous ne sommes pas des spéculateurs. Nous n'avions pas à spéculer sur le fait que nous aurions pu cacher cette position pendant trois semaines, attendre que les marchés remontent pour que la Société Générale ne connaisse aucune perte… Il était de notre devoir de protéger complètement la banque. Malheureusement, l'évolution des marchés, le lundi, le mardi et le mercredi, a accru le coût de cette fraude. Il n'en demeure pas moins qu'il est resté dans des limites n'affectant pas son avenir. Il n'aura pas d'impact macroéconomique.

– N'avez-vous pas eu envie de rencontrer cette personne ?

– Quelle aurait été l'utilité de la rencontrer ?

– Cela aurait pu vous permettre d'essayer de comprendre.

– Ce n'était pas utile.

– Monsieur, vous parlez d'un trader fantôme.

– C'est un homme d'une trentaine d'années. Il était employé à la Société Générale depuis 2000, œuvrant dans les *front offices* depuis 2005.

– A-t-il fait gagner de l'argent à la banque dans les mois précédents ?

– Via sa position frauduleuse ?

– Oui.

– Non, puisqu'elle était dissimulée.

– Quel était son titre exact ?

– Opérateur de base dans une salle de marchés.

– Était-il bien noté auparavant ?

– Je ne le sais pas.

Je reprends la parole :

– Je pense que nous allons arrêter cette « chasse à l'homme » et nous abstenir de commentaires sur cette personne.

– Quel est le chef d'inculpation retenu ? Quel était son salaire ?

Les agitations de la salle reprennent. Je choisis une de mes anciennes collaboratrices, désormais journaliste et annonce à la salle que nous prenons les trois dernières questions.

– Pensez-vous que le trader était manipulé par des concurrents ?

– Arrêtons de délirer. Imaginer qu'une autre banque soit à l'origine d'un complot pour affaiblir la Société Générale relève du roman. Cette fraude est déjà, à elle seule, extraordinaire.

– Que va-t-il se passer à partir de maintenant ? Vous ne démissionnez pas pour le moment. Avez-vous accepté la démission de Jean-Pierre ?

– J'ai refusé sa démission : je considère que Jean-Pierre est l'homme qu'il faut pour diriger la Banque de financement et d'investissement de la Société Générale, qui est une machine formidable. Cet épouvantable accident ne mérite pas que nous détruisions l'outil qu'il a créé.

– Quand allez-vous lancer cette augmentation de capital ? Avez-vous des contacts avec des investisseurs ? Lesquels ? Avez-vous discuté avec des banques françaises ? À Noël, est-il exact que vous vous êtes rendus, avec une délégation de l'AFB, dans les Émirats ? À quoi devons-nous nous attendre ?

Daniel : Selon vous, le fait que je sois allé dans les Émirats à Noël avec une délégation de l'AFB, voudrait dire que j'avais deviné le problème qui allait survenir… Madame…

– Les fonds souverains sont en embuscade pour prendre des participations dans le secteur bancaire !

Daniel : Excusez-moi d'être « arrogant » si je puis dire : cette maison jouit d'une grande crédibilité sur les marchés. Le potentiel de qualité que recèlent ses équipes est formidable. Nous n'avons pas eu la volonté d'engager une opération de capital dissimulée, réservée à tel ou tel fonds ou à telle ou telle catégorie d'actionnaires.

Je reprends : « Dernière question. »

– Quelles seront, pour le management de la Société Générale, les conséquences financières de la perte annoncée aujourd'hui ?

– Ni Philippe ni moi-même ne percevrons la moindre rémunération variable ou la moindre stock-option au titre de 2007. Philippe et moi-même, en outre, avons décidé de renoncer à notre salaire fixe au moins jusqu'au 30 juin 2008, de façon à participer au redressement de la banque. J'ai refusé la démission de Jean-Pierre, qui ne percevra aucune rémunération au titre de 2007. Ce dernier m'a indiqué qu'il refusait de recevoir une part variable au titre de 2008, quels que soient les résultats de la Banque de financement et d'investissement, que j'espère excellents.

– Quel était le salaire de ce trader ? A-t-il reçu un bonus récemment ?

– Il n'a pas reçu le bonus 2007. Je ne pense pas qu'il viendra le réclamer

– La rémunération totale de ce trader était, en tenant compte de ses bonus, inférieure à 100 000 euros par an, précise Jean-Pierre. Ce trader a géré de petites positions sur un petit actif. Sa rémunération était en bas de l'échelle des rémunérations des traders.

Je me raidis immédiatement. Jean-Pierre commet une grave erreur. Dans l'univers des salles de marchés, un salaire de 100 000 € est en dessous de la moyenne. Mais les journalistes présents gagnent le plus souvent moins de la moitié de cette somme qu'il décrit comme « en bas de l'échelle »... Cela choque. Je coupe vite et passe la parole à CNBC pour faire diversion : « Pourriez-vous résumer la situation en anglais ? » Les quelques phrases en anglais permettent de changer l'atmosphère.

Je vois encore dix mains levées, mais j'annonce à nouveau : « Dernière question. »

– Quel est le motif exact de la plainte ?

Daniel : Je ne suis pas en mesure de répondre à cette question. Je ne sais d'ailleurs pas de quel délit pénal il est passible. Ce sujet est en dehors de mes compétences.

Je termine en précisant que les avocats sont en train de l'examiner. Je remercie les journalistes. Aussitôt, c'est le rush. L'ensemble des photographes et cameramen, tous les journalistes radio envahissent la scène et se ruent sur Daniel pour obtenir leur propre commentaire. Ils le bousculent. Le service d'ordre s'interpose, l'isole, organise sa sortie par la petite porte de derrière. Je me place en face d'eux et annonce qu'aucun nouveau son ne sera pris, la conférence de presse est terminée. Je me fais huer par les photographes. Je le prends avec humour. Eux aussi : chacun dans son rôle.

L'épreuve du feu est terminée. Elle a été douloureuse, mais elle est passée. Il pouvait difficilement en être autrement, dans la compassion générale et sur un tapis de roses…

Je m'engouffre derrière le service d'ordre, qui fait passer Daniel dans une petite salle adjacente pour le protéger. Je me retrouve seul avec lui dans cette pièce de 6 m^2. Nous restons près d'un quart d'heure, le temps de laisser les journalistes sortir. Il est blême, ses yeux s'écarquillent, il secoue la main, fait pfffff avec les lèvres… Il vient de comprendre que le plus dur est devant nous.

La déflagration médiatique commence.

Les radios généralistes et spécialisées, les télévisions hertziennes et numériques, les sites Internet et les blogs bombardent de manière massive. Immédiatement, de nombreuses interrogations surgissent. Le flux d'informations est immense. J'apprendrai que plus de 20 000 articles à travers le monde ont été publiés ou postés sur ce sujet le premier jour… Des prises de parole d'experts fleurissent. En général autodésignés, ils s'expriment sans nuances et lancent des phrases définitives, avant même d'avoir regardé le fond du dossier ou même lu le communiqué. Comme la fraude est incroyable, elle n'est pas crue. C'est à qui tapera le plus fort

Immédiatement, le service de presse est harcelé. Cela va durer de longues semaines, harassantes.

Un sujet émerge immédiatement et passionne la meute des journalistes : quel est le nom de ce fraudeur mystérieux, où est-il, quel est son parcours, sa personnalité ? Obnubilés par les jours que nous avons passés à sauver la banque et avec la peur de ventre de provoquer l'implosion du système bancaire mondial, nous avions sous-estimé le besoin irrépressible des médias de tout savoir sur le *rogue trader*. Le mot milliard est abstrait. Un fraudeur, c'est réel.

Les traders de toutes les salles de marchés de toutes les banques sont appelés par les journalistes qui cherchent des indices. C'est la course. Le gros lot sera pour le premier qui trouve. Les meilleurs sont les Anglo-Saxons basés à Paris, il ne leur faudra que quelques heures pour y arriver.

Très rapidement, en milieu de journée, le site du *Financial Time* publie le nom du trader : Jérôme Kerviel, ainsi que sa photo. Elle a été fournie par un de ses collègues de bureau, qui est allé la chercher dans l'annuaire intranet de la banque. Normalement, on ne peut pas copier ces photos, ni avec le clic droit de la souris, qui n'affiche pas l'option copier, ni avec la fonction Ctrl A (tout sélectionner), ni avec la capture d'écran… Il a sans doute fait une photo numérique de l'écran. Le FT reste le journal le mieux implanté dans les banques d'investissement. Je m'attendais à un succès de Reuters, mais beaucoup plus tard.

C'est une erreur de ma part : je n'ai pas pensé à faire enlever Jérôme Kerviel de l'annuaire.

La plus grande fraude de tous les temps a désormais un nom. Cela change tout. Il fait le tour du monde. Le 23 au soir sur Google, j'avais effectué la première recherche sur lui. Je n'avais trouvé que quelques liens creux en français, dont celui du site Facebook, où le trader était peu actif avec une poignée d'« amis ». Quelques jours plus tard, je referai l'exercice. Google comptabilisera plus d'un million de pages dans le monde entier et toutes les langues, avec un focus sur les grandes places financières mondiales – Royaume-Uni, États-Unis, Hong-Kong, Singapour, Francfort et Tokyo – mais aussi des sites de Lima, Caracas, Cuba et même du Burundi, de Thaïlande et de Macédoine (deux ans après, le compteur affiche plus de 2 900 000 résultats…). En cinq jours, son nombre d'« amis » déjà réduit, avait fondu comme la neige au soleil. Ils avaient supprimé les liens pour se protéger. Le Jérôme Kerviel réel n'existait pratiquement plus sur la Toile. Le Jérôme Kerviel virtuel était devenu une star mondiale.

Je n'ai donné son nom à personne, ni en interne ni à l'extérieur, de manière à laisser la police travailler. Le rapport finalisé, donné au gouverneur, a été terminé la veille à 17 h 45. La plainte va être déposée le soir même.

Nous savions que le trader était en France et en bonne santé par Martine, le médecin du travail. C'est elle qui l'avait raccompagné dans la nuit du 19 au 20 janvier, à sa sortie de la tour. Elle lui avait alors proposé de le faire admettre dans une clinique, mais il avait refusé. Il lui avait signé une décharge. Soucieuse de l'évolution de son état, elle appelait Jérôme Kerviel ou lui passait des textos régulièrement. C'est dans cet esprit qu'elle avait écrit un SMS à Jérôme la veille au soir de l'annonce :

« Attention une information va sortir. Protégez-vous. Mettez-vous au vert. »

Ce texto sera brandi parfois comme une preuve de duplicité de la banque et de complicité avec le *rogue trader*. Par qui avait-elle eu accès à cette information confidentielle ? Tout simplement parce qu'elle suivait aussi les membres de la cellule de crise, eux-mêmes très exposés à la fatigue et au stress depuis cinq jours.

Un peu plus tard, une avocate encore inconnue déclare à la presse : « C'est un scandale, la banque émet un rideau de fumée pour masquer ses pertes liées au *subprime*, Jérôme Kerviel est le bouc émissaire censé cacher leurs erreurs stratégiques. » Cette avocate s'occupera de la défense. Elle est déjà en piste alors que la plainte n'est pas déposée et que le trader n'a pas été convoqué par la justice. Sa phrase tourne en boucle sur toutes les radios et télévisions. Elle a un effet dévastateur sur l'image de la banque. Bien que son contenu soit faux et impossible techniquement, les journalistes audiovisuels ne vérifient rien et se frottent les mains : voilà qui nourrit le feuilleton qui commence. Dans une célèbre formule, Pierre Lazareff, le directeur de *France Soir*, le grand quotidien populaire de l'après-guerre, avait synthétisé les risques de toute situation de crise. Pour un journaliste, disait-il malicieusement, « une rumeur c'est une information, un démenti, c'est une seconde information ». Ce qui compte pour les médias dans une affaire qui fait la une, c'est de nourrir la curiosité du public, quelle que soit la qualité de l'« information ».

En milieu de journée, un petit actionnaire représenté par un avocat, spécialiste des actions de minoritaires lors de chaque affaire financière concernant une grande entreprise, porte plainte contre X, à Paris, pour « escroquerie, abus de confiance, faux et usage de faux, complicité et recel ». L'enquête est ouverte par le parquet de Paris, elle est confiée à la brigade financière.

13 h 00

Les journaux télévisés font leur premier sujet avec l'affaire : « Coup de théâtre dans le monde de la banque », « Cadavres dans le placard de la Société

Générale », « La fraude la plus importante de l'histoire de la finance », « Coup de tonnerre », « Tempête à la Société Générale », « Stupéfaction », « Colère », etc.

Je sais que l'impact va être colossal. Je devine qu'il faudra s'y prendre à plusieurs fois pour convaincre. Je n'ai pas prévu d'interviews dans la presse pour ne pas privilégier un quotidien plus qu'un autre dans la phase un, la divulgation de l'information. En revanche, j'ai prévu de proposer un entretien de Daniel au *Figaro* pour le surlendemain afin d'entamer la phase deux, celle de l'explication détaillée, que nous découvrons au fur et à mesure de la sortie des rapports des auditeurs.

En revanche, j'organise un déjeuner *off the record* avec la rédaction du « plus sûr » des quotidiens économiques français (c'est ce que dit leur pub), celui qui donne le ton auprès des grandes entreprises et des grands investisseurs. Le déjeuner est serein. Il débute de manière courtoise, les journalistes commençant par des questions personnelles, *off the record*, sur la manière dont un dirigeant vit ce type de crise. Daniel est laconique :

– Je l'ai prise en plein plexus.

Suit un ensemble de questions techniques, d'analyses et de projection dans l'avenir. La salle à manger de la direction de la Société Générale, dans son immeuble de verre de La Défense, donne sur Paris. À 200 mètres d'altitude, la ville semble aussi calme que chaque jour. Les catastrophes, c'est aussi ça : la vie continue quand en vous tout explose. Je remarque que Daniel mange peu.

Pendant ce temps, Jean-Pierre Mustier réunit ses 300 principaux cadres des salles des marchés dans l'auditorium. L'ambiance est désespérée. Aucune agressivité, une volonté de comprendre, un fort sentiment d'humiliation, le besoin d'être rassuré sur l'avenir, mais aussi… des inquiétudes sur le paiement des bonus en mars ! Incorrigibles traders. Beaucoup de questions sur le mode opératoire, les éventuels complices, les conséquences sur les clients, les rémunérations, les fonds propres alloués à l'activité, les volumes traités, les démissions. Pourquoi untel et untel ? Pourront-ils être réintégrés après les enquêtes ? Tous sortiront en silence et remonteront tristement dans leurs bureaux, la plupart oubliant de passer par la cantine.

15 h 00

Daniel Bouton, Frédéric Oudéa et Jean-Pierre Mustier rencontrent en face-à-face les grands investisseurs de la banque pour expliquer la fraude et ses conséquences, à raison d'un rendez-vous par demi-heure.

17 h 45

Le secrétaire général de la banque se rend au tribunal de Nanterre, pour porter plainte au nom de la banque.

Au même moment, je reçois une dépêche de l'AFP. Daniel s'est lâché sur le trader au micro de France Info. Nous avions convenu de ne jamais l'attaquer publiquement, pour ne pas focaliser le message sur lui. Mais la tension accumulée est trop forte. Il est épuisé après les cinq jours épouvantables qu'il vient de passer. Je découvre ses mots : « cet escroc… ce fraudeur… ce terroriste… » Il a parlé avec ses tripes et non avec son cerveau, lui l'homme le plus rationnel que je connaisse. C'est une énorme bourde en termes de communication de crise. La banque se doit de rester une institution et de porter un discours posé et rationnel, avec des informations transparentes. Par ses déclarations, Daniel institue le combat du pot de fer contre le pot de terre : la grande banque contre l'homme seul insulté. Le coupable présumé devient la cible et donc, potentiellement, la victime.

J'enrage. Daniel devait se taire. Nous avions décidé de privilégier la presse écrite : la complexité du sujet nécessitait des développements. En situation de crise, il faut savoir créer des silences, fermer des portes. Mais les titres du 13 heures ont inquiété nos agences-conseils en relations presse. Elles ont estimé qu'il fallait enregistrer « un son » à la radio avant les journaux de 20 heures. J'avais cédé, en précisant qu'il fallait rester sur la ligne définie, être rassurant pour les clients et les collaborateurs, point barre. Je me rends compte que j'ai eu tort de lâcher la bride. À cette vitesse-là, le cheval médiatique est incontrôlable.

L'interview de France Info a été enregistrée dans l'après-midi, je n'y ai pas participé car, au même moment, j'étais en réunion avec mes équipes. À la sortie, j'ai été aux nouvelles.

– Ça s'est bien passé, m'a-t-on dit.

Je me suis contenté de cette réponse. Je m'en mords les doigts. J'écoute le sujet de France Info. Aussitôt, je le sens, je le sais, ces trente secondes vont peser très lourd dans notre combat médiatique. La suite me donnera raison. Mais c'est trop tard. Le coup est parti.

18 h 00

Les 700 principaux cadres de la banque sont réunis dans le foyer de la Grande Arche de La Défense. À la tribune, les dirigeants racontent comment ils ont géré la crise depuis le 20 janvier, ce qu'ils ont évité. Pour la première fois, la voix de Daniel s'enraye, ses yeux rougissent. L'émotion le gagne, je sais qu'il n'a pas réussi à dormir depuis le dimanche. Une larme apparaît. Elle brille, il ne peut plus dire un mot. Pour la première fois depuis cinq jours, il met un genou à terre. Jean-Pierre enchaîne, mine de rien. Daniel se ressaisit progressivement, il reprend le fil de l'histoire. Les questions sont peu nombreuses. La première a du mal à sortir. Trois ou quatre suivront, toutes sur l'avenir de la banque. L'ambiance est morbide.

18 h 50

Le parquet de Paris annonce qu'il a ouvert une enquête préliminaire sur la fraude massive qui a coûté 4,9 milliards à la Société Générale, compte tenu de la plainte contre X du matin, déposée par un avocat qui a réuni quelques actionnaires de la banque. Il demande au parquet de Nanterre de se dessaisir en sa faveur, au titre de sa compétence de juridiction interrégionale spécialisée (JIRS). Le procureur de Nanterre est fou de rage.

19 h 00

Martine, notre médecin, me passe un coup de fil et prend de mes nouvelles :

– C'est dur, mais je tiens le coup.

– Passez me rendre une visite quand vous aurez le temps.

– Je n'ai pas le temps.

– Vous savez, tous les autres membres du comité exécutif sont venus me voir, je les suis.

– Merci, vous êtes très attentionnée, je passerai dans la semaine.

Les radios et télévisions débitent les « infos » en s'appuyant sur des experts qui lancent de nouvelles polémiques, cherchent les rebondissements, le suspense, l'action.

L'avocate de Jérôme Kerviel brave les caméras :

– Mon client n'est pas en fuite, il se tient à la disposition de la justice et attend la notification écrite de la mise à pied, qui lui a été annoncée dimanche.

Un consultant présent à Davos souligne sur TF1 :

– Personne ici n'a d'explication convaincante. Le scénario de la fraude reste flou.

Seul le gouverneur de la Banque de France est positif à l'égard de la banque, car c'est son rôle de rassurer :

– Les contrôles sur les *subprimes* ont très bien fonctionné, la banque est au meilleur niveau de protection qu'on trouve dans le monde aujourd'hui par rapport au risque *subprimes*, avant d'ajouter : les clients peuvent être totalement rassurés, et la Société Générale est encore plus solide qu'auparavant grâce à l'augmentation de capital.

Mais personne ne l'écoute. Sur M6, la possibilité d'une fraude d'un seul homme est mise en doute par le directeur de la rédaction d'*Investir*. Suit l'interview de l'avocat des petits actionnaires qui ont porté plainte. Sur TF1, un analyste évoque le caractère « très déstabilisant pour les collaborateurs ». Le présentateur illustre ce que représentent les 5 milliards d'euros : « 55 000 logements sociaux, 300 collèges, 25 Airbus A 380 ». Un économiste tire sur la banque : « Société Générale aurait chargé la barque sur le thème de la fraude pour faire passer plusieurs mauvaises opérations de marché. » Il accrédite la thèse de l'avocate de Jérôme, le matin.

D'autres experts, souvent sortis du chapeau, ne croient pas à l'explication avancée par la banque :

– Cela ne peut pas être le fait d'un individu isolé, ni même une défaillance des systèmes de contrôle, il y a forcément des complicités internes.

21 h 00

Comité de crise. Bilan de la journée. Je décris les questions posées durant l'après-midi par tous les journalistes. Elles sont techniques sur les modalités de la fraude. Mais des points restent en suspens. Beaucoup de professionnels ont l'impression qu'on leur cache des choses. Les concurrents se sont mis à hurler avec les loups. Certains disent que ce n'est pas possible. En *off*, ils parlent aux journalistes : « On ne peut pas constituer une position de 50 milliards sans que cela se voie. » « On ne peut pas boucler une augmentation de capital en trois jours. » Ils pensent que nous savions avant et que nous avons caché la réalité. Heureusement, aucun impact à ce stade n'est constaté en matière de fermetures de comptes dans les agences. Beaucoup de demandes d'explications des grands clients.

Auprès des équipes de contrôle et des auditeurs, je n'arrive pas à récupérer toutes les informations. Ils me font comprendre que reconstituer le film en totalité est long et difficile : réécouter toutes les conversations, reprendre toutes les opérations, des milliers par jour depuis deux ans, comprendre comment les huit couches de contrôle ont été déjouées… Le tempo de l'enquête précise et le tempo des médias n'est pas le même. C'est une course inégale.

Vendredi 25 janvier 2008

9 h 00

La bataille de l'information est lancée. Je décide de réunir chaque jour à trois reprises la cellule de communication. La première à 9 heures. La seconde à

15 heures, de manière à analyser le contenu des JT de milieu de journée et prendre connaissance de l'ensemble des questions posées par les journalistes le matin. La troisième se tiendra à 18 heures pour balayer les sujets traités l'après-midi, anticiper les papiers du lendemain et éventuellement tenter de corriger les plus coriaces. J'ai choisi de démarrer tard dans la journée car, en 1999, lors de la tentative d'OPA de la BNP sur la Société Générale, nous commencions deux heures plus tôt : très vite, les équipes avaient été épuisées. Les membres des cellules de crise partent tard le soir, par nature et par peur de perdre une info. Un des gros chantiers du pilote de crise consiste à gérer humainement les plannings de chacun et à faire respecter les horaires de départ du bureau. Une autre chose difficile consiste à scinder les équipes en deux. Ceux qui assurent la continuité des activités courantes se sentent dévalorisées alors que leur rôle est essentiel.

Ce vendredi matin, toutes les équipes sont là. Le bruit médiatique de la veille a été énorme avec 380 unités [100 unités de bruit médiatique – UBM – correspondent à l'équivalent en nombre de 100 % de la population touchée : 380 UBM signifie que la totalité de la population a été touchée par cette information avec une répétition de 3,8 fois dans la journée]. Le chiffre est gigantesque. Habituellement, sur une moyenne de quinze sujets abordés lors des journaux télévisés de 20 heures, les téléspectateurs ne se souviennent que de trois sujets une heure après, notamment ceux qui sont récurrents depuis plusieurs jours ; sinon, nous avons tous une mémoire de poissons rouges. Ici, avec un taux de répétition de l'information supérieur à trois fois dans la journée pour chacun, la trace dans les mémoires est extrêmement forte. L'indice UBM ne mesure que les audiences de la presse, la radio et la télévision. Internet est très dense, avec essentiellement des articles de presse *online*. Sept blogs se sont constitués, dont deux avec des films : des publicités détournées, d'ailleurs de manière drôle.

La revue de presse pèse trois kilos. Le volume est tel que la cellule fonctionne avec des résumés synthétiques préparés par les agences entre cinq heures et sept heures du matin, ce qui permet de gagner un temps précieux. La synthèse française tombe à 7 heures, celle de la presse anglaise vers 8 heures, celle d'Asie est arrivée dans la nuit. Les membres du Comex ne lisent en réalité que ces synthèses et au maximum cinq articles entiers par jour, les mieux construits, triés par les services internes.

Le contenu montre que l'émotion est immense. Il n'y a pas encore de véritable analyse. Cette phase de révélation génère les mots « secousse, fraude exceptionnelle, invraisemblable, perte de 7 milliards, plus gros détournement jamais réalisé, carambouille, victime, génie, plaintes, enquête préliminaire, forte baisse de l'action, sans précédent dans l'histoire de la finance, pas de problème pour les clients, Jérôme Kerviel fait mieux que Nick Leeson, rumeurs d'OPA, finance folle, spéculation, arrogance, dérives mondiales au banc des accusés, stupéfaction, inefficacité des contrôles, démission, tourmente, pertes colossales ».

Les analystes ont dressé une liste des questions posées. Beaucoup reposent sur la personnalité du trader, son mode opératoire et le fonctionnement des systèmes de contrôle de la banque. Nos concurrents ont juré croix de bois, croix de fer que chez eux, de tels montants étaient tout simplement impossibles. Les journalistes commencent à contester notre scénario, trop simple pour être vrai. Le débouclage de la position fait également débat : fallait-il le faire en perdant autant, avait-il provoqué l'effondrement des indices et la baisse drastique des taux par la FED le mardi précédent ? Les questions sont aussi politiques. Pourquoi Daniel Bouton n'a-t-il pas prévenu Nicolas Sarkozy, qui est quand même le président de la République ? Pourquoi ne démissionne-t-il pas ?

Je répartis les projets de réponse. Je constitue les groupes de travail : presse, communication interne, messages clés, publicité, communication clients, information actionnaires, etc.

10 h 00

Interview de Daniel avec *Le Figaro*. J'ai choisi ce journal parce qu'il est le plus lu par nos actionnaires individuels. Tous les collaborateurs de la banque ont eu l'information par mail. Chaque client a un conseiller de clientèle qui a pu répondre à ses questions ou qui lui a écrit (lettre ou mail). Les investisseurs institutionnels et analystes financiers sont touchés directement par les communications orales et écrites de la banque, *online* et *offline*, et indirectement par leurs écrans Bloomberg ou Reuters. En revanche, parmi les 300 000 actionnaires individuels, un tiers n'a pas de compte bancaire à la Société Générale, et seule la moitié d'entre eux ont un ordinateur connecté à l'ADSL. Pour combler ce trou, même partiellement, j'ai choisi l'un des deux premiers quotidiens nationaux, l'autre étant *Le Monde*, beaucoup plus influent à l'international et auprès des cadres actifs, mais aussi sur le Net, que je garde pour plus tard. L'article du *Figaro* paraîtra le samedi 26, soit vingt-quatre heures après le raz de marée de la première vague. L'audience du *Figaro*, tous supports confondus, représente tout de même près de cinq millions de personnes, soit l'équivalent du journal télévisé de France2, mais avec un niveau de vie et d'instruction supérieur.

Les réponses de Daniel seront relues et corrigées par moi avant publication, cela a été négocié avec le journal, en contrepartie de l'exclusivité qui lui a été garantie. Ce n'est pas très *fair play* mais c'est la règle commune pour les grands patrons et les politiques. Nous sommes en France et non aux États-Unis.

15 h 00

Les journaux de 13 heures ont encore placé l'affaire en une. La pression ne descend pas, certains « experts » mettent à nouveau en doute la parole de la banque, en évoquant des dissimulations dont le *rogue trader* serait le paravent.

Je décide de diffuser une adaptation simplifiée de la note explicative donnée au gouverneur de la Banque de France, le mercredi soir. Elle est très technique, cela montrera la complexité du sujet. Nous le ferons le dimanche 27, en fin de matinée, pour une répercussion sur les journaux de 20 heures et les quotidiens du lendemain. La banque organisera deux *conference calls* avec la presse, française d'abord, et internationale ensuite. J'organiserai une interview avec un grand hebdomadaire, *L'Express*, *Le Nouvel Observateur* ou *Le Point*, plus tard. Peut-être *Match*, selon les contenus choisis. Pour compléter le tout, je ferai passer Daniel dans la tranche du 7h-9h des radios généralistes en ouverture de la semaine, le lundi 28 au matin. Là, pas le choix, le plus fort impact est chez Jean-Pierre Elkabbach sur Europe 1 ou Jean-Michel Apathie sur RTL. Restera une éventuelle télévision, un journal de 20 heures, si ce n'est pas suffisant. Je verrai cela en milieu de semaine prochaine en fonction de l'évolution du film.

18 h 00

La note explicative tirée du document de référence (confidentiel) remis le 23 janvier au soir au gouverneur, a été rééditée dans une version dite finale pour être rediffusée aux autorités bancaires de tous les pays. Elle est deux fois plus longue, documentée et chiffrée que celle du mercredi, mais le fond est le même et son contenu ne change rien à la fraude telle qu'elle a été décrite à la presse le jeudi 24.

Daniel est dans son bureau avec Jean-Pierre et les inspecteurs de la banque. Ils sont assis autour de sa table ronde en marbre, silencieux. Daniel relit, une main pinçant les feuilles, l'autre caressant lentement son front. Il prend son temps, le texte se déroule doucement, il intègre tout au fil des pages, réflexe acquis lorsqu'il potassait pour ses examens. Il est concentré comme s'il devait apprendre un texte pour le jouer au théâtre. Sauf que là le public n'est pas acquis d'avance. Les pages tournent fastidieusement une à une… Je trouve le temps long. J'aimerais qu'il se dépêche. Daniel commence à sentir la fatigue de la semaine la plus éreintante de sa vie. Il fait du cinquante mots minute, un rythme extrêmement calme, limite pesant. Arrivé à la dernière ligne, il s'arrête, prend son stylo, et signe. C'était la vingtième fois qu'il relisait le document depuis la version 1 du dimanche 20 janvier à 14 h 00. Il a mémorisé chaque complément ou ajout de chaque version.

22 h 00

Réunion du comité de pilotage de la crise. Autour de la table, avec les dirigeants de la banque, prennent place les banquiers-conseils pour l'augmentation de capital, les juristes et la maîtrise d'ouvrage de la cellule de crise, qui tiennent à jour la liste de l'ensemble des questions posées, définissent le responsable le mieux placé pour y répondre, font valider les réponses et les publient sur un intranet sécurisé auquel ont accès les équipes des relations avec la presse et celles des relations avec les investisseurs. Ils s'occupent aussi des besoins de chacun : restauration, repos, secrétaires, ordinateurs, imprimantes. Ils suivent l'évolution des dépenses et le coût de la crise. Ils notent tout, enregistrent tout, relancent chacun et constituent le cœur invisible de la gestion de la crise. Séverin, le directeur des ressources du groupe, pilote cette équipe.

Le tour de table est dense, il commence par un point médiatique : articles parus, demandes, prévisions et anticipations pour le lendemain. Une évidence : il faudra donner beaucoup plus de détails ce week-end pour que la compréhension de l'affaire soit acquise. Suit le sujet d'augmentation de capital : elle est garantie, mais sous conditions de fourniture d'éléments certifiés : les comptes de la banque, fraude comprise, les aspects fiscaux, l'évolution de l'enquête, la garantie que la vérité a été celle qui est décrite dans le document de référence, la constitution d'un syndicat de distribution des actions nouvelles, la possibilité d'ouverture de l'offre dans certains pays, européens notamment, la possibilité d'effectuer un placement spécifique réservé aux investisseurs actuels aux États-Unis et, surtout, les tampons signés des autorités de marchés. Si tout cela est réuni, le lancement de la période de souscription pourrait avoir lieu dans trois semaines. La tâche est colossale. Il n'est pas acquis que nous y arrivions. Les autres plans de secours, fonds souverains ou adossement, doivent encore être étudiés.

J'écris sur mon cahier : « opération non totalement garantie ». J'inscris la liste des tâches à abattre pour y arriver. Mon écriture est complètement déstructurée. J'ai du mal à me concentrer. Je pense à mille choses à la fois. Je sens la pression dans mes veines. Je commence à être très fatigué. Je ne vis plus, je ne dors plus depuis une semaine.

La réunion se poursuit. En France, énormément de questions se posent dans nos agences bancaires qui constatent un doublement de fermetures de comptes par rapport au même jour de l'année passée ; la plupart des opérations en cours (souscription de produits, épargne, assurance) sont gelées. La gestion privée constate de gros retraits de fonds. Côté banque d'investissement, le soutien des grands clients français et européens est fort, mais il y a des annulations d'opérations aux États-Unis. En banque de détail à l'étranger ? Rien à signaler. En leasing auto ? RAS. En gestion d'actifs : de gros retraits. Globalement, c'est dur, mais ce n'est pas une catastrophe. Il n'y a pas eu de queues dans les agences, et la baisse d'activité n'est pas encore dramatique. En fait, il ne faut pas que la médiatisation dure. Tout nouveau pic accentue les retraits de clients. C'est pourquoi ma stratégie, depuis le début, consiste à tout mettre sur la table le plus tôt possible. Je cherche à éviter le rebond permanent.

Samedi 26 janvier 2008

Week-end. La plupart des journalistes se reposent. La cellule de crise travaille deux fois plus, mais sans cravate, ce qui change tout. La journée est dense pour chacun : étapes juridiques, finalisation des *due dili-*

gences de l'augmentation de capital, relance du business, échéances de communication.

La note explicative, document vulgarisé à partir du texte de référence signé la veille par Daniel, doit être diffusée le lendemain vers midi. Les journalistes seront prévenus vers dix heures du matin. Cependant, une dizaine d'entre eux, les plus qualifiés, notamment des Anglais, savent qu'un communiqué doit sortir ce dimanche : les prévenir en *off* était le seul moyen de faire retomber leur agressivité face aux « trous béants » constatés dans les explications de la banque. Les thèmes à creuser leur sont en effet donnés par nos concurrents, qui se régalent.

8 h 30

Perquisition au domicile du trader, l'AFP précise : « On ignore ce qu'ils ont saisi, mais les enquêteurs sont repartis les mains pleines. » Le journaliste note que l'appartement était inoccupé depuis plusieurs semaines. Il évoque également le fait que les enquêteurs ont récupéré des fichiers informatiques au siège de la Société Générale à La Défense. Plusieurs autres informations déjà connues sont reprises : Jérôme Kerviel n'est pas en fuite, il n'y a pas eu d'enrichissement personnel.

13 h 00

Dans le journal télévisé de la mi-journée, un reportage insiste sur les questions et les doutes quant à d'éventuelles complicités, dissimulations et délits d'initiés : « La garde à vue devrait apporter des réponses à la brigade financière qui cherche des complices, veut comprendre pourquoi la banque a mis si longtemps avant de porter plainte et pourquoi il y a eu tant de mouvements sur le titre quelques jours avant la révélation de l'affaire. » Le reportage démarre sur des images du dispositif de sécurité à la brigade financière et de l'arrivée de la voiture dans laquelle se trouvait le trader. La mise en cause d'un « trader-hacker » (sic) est évoquée en tant que « thèse de la Société Générale ». Le journaliste précise que « l'incrimination d'un individu seul est bien commode » pour la banque. La question du décalage entre la découverte de la malversation et sa révélation est de nouveau posée.

Le trader est placé en garde à vue. Il est présenté comme « coopératif, ni abattu, ni déprimé ».

19 h 00

Réunion avec Daniel Bouton, Philippe Citerne, Jean-Pierre Mustier et un banquier-conseil. Je relis le projet de communiqué dit « Note explicative », qui décrit en détail l'ensemble du processus de la fraude. Il est deux fois moins long que le document de référence, mais tout est sur la table. Je prends la parole.

– D'un côté, c'est une opération de transparence totale, et c'est un atout. Mais en expliquant de manière limpide les méthodes de la fraude, on va comprendre que ce qui nous est arrivé peut se passer dans n'importe quelle banque. Ce communiqué va foutre la trouille. Il faut le savoir.

– C'est systémique, dit Jean-Pierre.

[Silence.]

– Hugues, vous faites une relecture et vous enlevez tout ce qui peut entraîner une panique, me dit Daniel.

– Je validerai, dit Philippe, rentrez chez vous, vous êtes fatigué Daniel, vous n'avez pas dormi depuis une semaine.

Daniel est effectivement épuisé, il a tout porté depuis le début. Son débit est lent.

– Oui, dit Jean-Pierre, ce que vous avez géré en sept jours est énorme. Prenez douze heures pour vous reposer, nous nous en occupons.

– D'accord, Philippe, validez-le pour 22 heures et passez-le moi sur mon mail personnel : je vais une heure au mariage de la fille d'un ami. Je le lirai en rentrant.

– Prenez des cachets, lui dit Philippe, on ne peut dormir sans cela. Vous devez dormir beaucoup, vous en aurez besoin dans les semaines qui viennent. Ne revenez pas avant midi demain. On s'occupe de tout. Je peux vous voir seul, cinq minutes ?

20 h 00

Philippe s'isole avec Daniel dans une autre salle. Les deux dirigeants abordent le rendez-vous que Daniel doit avoir le lendemain à 19 h 30 à l'Élysée. De mon côté, je finalise le projet de note explicative avec les juristes et les banquiers.

21 h 00

La version finale du document est imprimée. Je me dirige vers le bureau de Philippe Citerne. Je passe devant une salle dont la porte est ouverte, j'aperçois Daniel. Je suis surpris qu'il ne soit pas parti. Il est avec Philippe. Daniel me fait signe d'entrer. Je ne l'ai jamais vu dans cet état. Ses yeux sont rouges, ses traits tirés. Il a l'air tendu et désespéré. Philippe prend la parole :

– Daniel se rend demain l'Élysée, j'ai eu des conseillers, je sais ce qu'on va lui dire…

– Et alors ?

– On va lui dire qu'il doit maintenant organiser le mariage avec BNP Paribas et démissionner, sans quoi il prendra dix ans de taule.

La suite du dialogue est une escalade où chacun fait monter la tension. L'anxiété est palpable. Elle envahit la pièce.

Dans leur duo, les défauts de l'un et de l'autre commencent à s'ajouter, alors qu'avant la crise leurs qualités se conjuguaient. Daniel Bouton était la mécanique intellectuelle et le dur, le boss. Philippe Citerne incarnait l'homme de terrain et le patron humain. Désormais, Philippe stresse Daniel, qui est débordé. Il l'épuise, le harcèle de pensées toxiques. Philippe avale whisky sur whisky. Plus Daniel maigrit, plus Philippe grossit. Il a peur et cela se voit sur son visage, dans ses gestes, dans ses pensées qui cavalent. Il doute de la réussite de l'augmentation de capital. Il préférerait régler le sujet hors marché avec les fonds souverains. Ou se rapprocher avec la BNP.

Daniel finit par se rendre au mariage de la fille de son ami. Le mot mariage a un goût particulièrement amer dans ce contexte qui le pousse à envisager de se jeter dans les bras de son concurrent, dont il a déjà repoussé une OPA. Daniel est totalement déprimé. Je ne trouve pas de mots. Je vérifie que Philippe valide bien la note maintenant terminée. Philippe me confirme qu'il mettra son tampon par retour de mail. Je descends dans mon bureau. J'envoie le mail vers 22 h 30 et je rentre chez moi.

Dimanche 27 janvier 2008

Je suis dans mon lit, je regarde ma montre pour la dixième fois, il est déjà quatre heures. Je suis soulagé. Les nuits éveillées me paraissent longues, plus que deux heures à patienter avant de tremper deux tartines beurrées dans un café, avec les journaux en guise de confiture. Les quotidiens me sont portés chaque matin aux aurores dans la boîte aux lettres. Puis je filerai au bureau. L'affaire Kerviel m'envahit totalement jusqu'à devenir obsessionnelle. Bien que je sois épuisé, je n'arrive pas à fermer l'œil. Je me tourne et me retourne, essaie de penser à autre chose. Je regarde ma femme et réalise que cela fait exactement une semaine que je n'ai pas vu le jour, respiré un autre air que cette drogue dure du stress et de la crise. Elle dort comme un nouveau-né. Je souris. À six heures, je regarde mon Blackberry et vois un mail de Jean-Pierre Mustier : « Dès que tu as ce message, appelle-moi, le communiqué n'est pas validé, il ne doit pas partir. »

J'appelle Jean-Pierre, insomniaque lui aussi, qui me donne rendez-vous au bureau. Ce qu'il a à dire ne s'exprime pas au téléphone.

J'attrape le journal dans ma boîte à lettres. Dans un court article, l'envoyé spécial à New Delhi rapporte une discussion informelle des journalistes avec le président de la République et conclut : « même si l'État n'est pas actionnaire de la banque française, la démission de son P.-D.G., Daniel, serait vue d'un bon œil à l'Élysée ». Dans la voiture, j'écoute les nouvelles, qui restent banales. L'affaire Kerviel n'arrive plus qu'en troisième sujet, elle ne constitue plus l'information principale, ce qui me soulage un peu.

J'arrive à la banque. J'allume l'ordinateur, et j'imprime la note explicative qui se trouve en pièce jointe. Elle a été validée à 2 h 30 du matin par Philippe Citerne. Je ne comprends pas. J'appelle Jean-Pierre, qui me répond sur son portable :

– Je viens d'arriver au parking et je monte dans mon bureau. Passe me voir.

Je le rejoins. Pourquoi ce message de 6 heures du matin bloquant la diffusion du communiqué ? Ce document est extrêmement important, la conférence de presse a soulevé beaucoup de questions techniques, parfois soufflées par les concurrents. Le sentiment général est que nous masquons quelque chose. Les journalistes n'acceptent pas de ne pas tout comprendre. C'est d'autant plus louche que la banque se targue depuis des années d'une transparence totale. Si cette note n'est pas publiée, je sais que nous allons nous faire lyncher. Nous perdrons toute crédibilité. La suspicion grandissante a un impact sur les clients, leurs opérations avec la banque, et donc son avenir. Cette information détaillée est indispensable pour l'augmentation de capital. Sans cette transparence, les investisseurs ne suivront pas. Il faut répondre.

J'entre dans le bureau de Jean-Pierre. Je lui jette un regard noir, le fixe dans les yeux et lui dis :

– Tu te fous de moi, le communiqué est validé, on sort en fin de matinée.

– Non, il y a une chose que tu ne sais pas…

– Quoi ?

– Hier soir, Daniel est repassé après que tu sois ressorti de la salle, il a dit qu'il n'en pouvait plus, que cela ne pouvait plus continuer, et il a laissé le manche à Philippe… Il est sous Prozac, il est à bout.

– Il lui a délégué la signature du communiqué. La validation est là, regarde, il a signé à 2 h 30 !

– Non, il lui a passé ses pouvoirs, il a dit que c'était désormais à Philippe de gérer.

– Moi, mon job, c'est de sauver cette banque. Mon mandat, c'est Daniel qui me le donne. Il m'a dit de lancer cette note. Je n'arrêterai que quand il me le demandera dans les yeux !

Je sors en pétard et fonce vers le bureau de Philippe, qui n'est pas là, ce qui est exceptionnel. En général, à 7 heures, il est déjà au travail. En temps de crise, il dort régulièrement au bureau, où il s'est fait installer un lit de camp. Je croise Séverin, le responsable de la cellule de crise, qui ne sait pas où il est. Quand arrivera-t-il ? Aucune idée ! Tout cela est louche.

Il est bientôt 9 heures et je dois piloter le comité communication où j'ai prévu de briefer les équipes et les agences sur les argumentaires et de faire le point sur la liste des journalistes invités aux deux *conference calls* prévus dans l'après-midi, en français et en anglais. Je tiens la réunion, mais ne distribue pas la note, arguant que quelques modifications sans importance restent à porter. Je la leur donnerai un peu plus tard. Nous passons en revue tous les aspects de l'annonce, communication interne, clients, presse, actionnaires, France, reste du monde.

Je sors vers 10 heures. Philippe est toujours absent. Je commence à avoir de forts doutes et passe un texto à Daniel : « J'ai besoin de vous parler. » Je sais que le président est censé se reposer ce matin et j'ai vu son état la veille au soir, c'est pourquoi je ne téléphone pas directement. Daniel m'appelle depuis son mobile, quelques minutes plus tard. Je lui demande de venir au bureau rapidement :

– Pourquoi ? demande Daniel.

– Ils sont en train de vous piquer votre place !

Daniel arrive à 10 h 30. Il se rend directement dans mon bureau. Je lui demande :

– Êtes-vous repassé au bureau hier soir après m'avoir salué ?

– Non, pourquoi ?

Je lui raconte mes dialogues avec Jean-Pierre et lui révèle l'absence de Philippe, qui pourtant devait donner le feu vert.

– Je n'ai passé les clés de la banque à personne, me dit Daniel, stupéfait.

Je rappelle Jean-Pierre :

– Je ne comprends pas ce que tu m'as dit tout à l'heure, j'ai réfléchi : hier soir, je suis resté avec Philippe, nous avons dîné ensemble et je ne me rappelle pas avoir revu Daniel !

– Écoute, je ne fais pas de politique, c'est ce que Philippe m'a dit, je suis d'accord pour que la note sorte…

Daniel rejoint son bureau, il me demande de faire une dernière lecture avec les banquiers-conseils et un avocat pénaliste. Ils se mettent autour d'une table et relisent la note explicative.

Philippe arrive, vers 11 heures, il voit la *task force* travailler, mais ne sait pas que Daniel est là. Il se met en boule. Il hurle que c'est lui qui commande et que le texte ne doit pas sortir, qu'il pose trop de problèmes, que la note doit être revue par l'AMF, les commissaires aux comptes, etc. Il est nerveux, furieux et annonce qu'il bloque le projet.

Je quitte la salle. Je reviens trois minutes après avec Daniel. Philippe est estomaqué de le voir, il lui avait conseillé de ne pas revenir avant midi. Midi justement, l'heure initialement prévue de diffusion de la note à la presse. Il argumente, bredouille, tente de blaguer. Daniel rappelle qu'il est le président, il valide le communiqué. Je pars avec et vais briefer mes équipes.

De mon point de vue, Philippe souhaitait laisser la situation se dégrader, les médias charger Daniel le plus lourdement possible, le faire craquer sous la pression des collaborateurs, eux-mêmes fragilisés par les médias… et prendre sa place. Ou bien le stress le déborde jusqu'à lui faire perdre tout jugement. Il n'y a pas que l'affaire Kerviel. Philippe supervise les activités de banques d'investissement et de finance, plombées par les produits toxiques à base de *subprime* américain. Le contexte, qui se dégrade chaque jour, pèse sur chacun. Les nuages sont noirs et s'amoncellent au-dessus de nos têtes.

Je commence à être épuisé. Cet épisode interne me dégoûte. J'avais tiré de la force de la réaction collective. L'énergie positive n'est plus là. Mes artères me font mal, dans les bras et derrière les oreilles. Je ferme mon bureau à clé. J'enlève ma veste, la plie en quatre, la jette par terre, m'allonge, pose ma tête dessus et ferme les yeux. Je me rends compte que je suis devenu très émotif. Quand j'aurai le temps, j'irai voir Martine.

13 h 00

Jean-Pierre Elkabbach m'appelle sur mon portable, il est en Inde avec Sarkozy. Il me propose de recevoir Daniel le lendemain matin. Je lui dis que j'y réfléchis et que cela est probable, mais que je déciderai après le *conference call* de l'après-midi.

Les commentaires continuent sur les radios et télévisions. « Jérôme Kerviel est interrogé par la brigade financière dans un lieu secret, il coopère et sa garde à vue devrait être prolongée. » Le procureur : « Ça progresse, il a accepté de s'expliquer sur les faits. Il a admis des prises de position à risque. » En revanche, le journaliste commente : « […] il ne pourra sans doute pas être poursuivi pour escroquerie comme le souhaite la banque ».

Elkabbach me rappelle deux fois, laisse des messages : « Hugues, mon ami, rappelle-moi, c'est important. »

Dans *Le Monde*, une interrogation, grave, taraude les experts : « En s'empressant de revendre entre lundi 21 et mercredi 23, les quelque 50 milliards d'actions achetées par le trader, la Société Générale a-t-elle déclenché la tourmente boursière mondiale ? »

L'après-midi, Jean-Pierre Mustier honore parfaitement les deux *conference call*. Je le remercie. Je n'arrive pas à lui en vouloir de l'épisode du matin. Je sais ce qu'il a enduré. Je mets ça sur le dos de Philippe Citerne qui a su profiter d'un moment de doute, de stress ou de fatigue entre 2 h 30, heure du mail de validation, et 6 heures du matin, message dans ma boîte de Jean-Pierre. Il a sans doute gobé l'intox. Un peu plus tard dans la soirée, je devrais me battre pour que Philippe figure sur la photo d'équipe prise par le magazine *Match* en fin d'après-midi, à l'issue de l'interview donnée par Daniel. L'équipe se fissure.

Elkabbach me relance sur mon portable. Nous nous connaissons depuis la création de l'association Croissance Plus en 1997, dont je suis l'un des fondateurs. Il ne supportait pas l'idée de passer à côté de l'air du temps et il nous avait beaucoup aidés à médiatiser le livre blanc de jeunes entrepreneurs que nous avions publié. Un peu plus tard, lors de la privatisation de France Télécom et de sa cotation à Wall Street, dont je m'occupais, nous avions fait tous les bars de Manhattan ensemble. Il m'avait ensuite convié à débattre à la télévision avec Francis Mer et Dominique Strauss-Kahn alors que je publiais un livre, *L'Espoir économique*. En clair, nous avions créé des liens depuis plus de dix ans. J'accepte son invitation, nous enregistrerons le soir même, car Daniel doit partir en *road show* à Londres, le lundi matin.

Lors des journaux de 20 heures, les avocats du trader font monter la pression médiatique : « Jérôme Kerviel n'a commis aucune malhonnêteté, n'a pas détourné un seul centime, n'a profité d'aucune manière des biens de la banque. » Ils accusent la banque de vouloir « élever un écran de fumée qui détournerait l'attention du public de pertes beaucoup plus substantielles qu'elle a accumulées ces derniers mois, notamment dans l'invraisemblable équipée des *subprimes* ».

Dans une déclaration à l'AFP, ils dénoncent « les conditions volontairement précipitées et tout à fait anormales » dans lesquelles la banque « a liquidé des positions de 50 milliards d'euros qui auraient pu se redresser avec le temps : elle a ainsi provoqué elle-même des pertes de près de 4,5 milliards d'euros ». Parlant du « scandale de la Société Générale », les deux avocats ont dénoncé le « lynchage médiatique hors du commun » dont leur client « fait l'objet ». « On a prétendu contre toute raison qu'il était en fuite, qu'il serait responsable de pertes énormes au détriment des actionnaires de la banque. On a publié sa photo, fouillé sa vie privée et celle des membres de sa famille. » Ils mettent en cause Daniel qui, « dans une lettre publiée dans tous les quotidiens, sous prétexte de rassurer les actionnaires », a taxé Jérôme « de fraudeur et l'a livré aux chiens ». Or, ajoutent-ils, leur client « qui a été formé par la banque à faire du profit, n'a commis aucune malhonnêteté et n'a pas détourné un seul centime et n'a profité d'aucune manière des biens de la banque ». Pour eux, « au contraire, il a réalisé au profit de la banque des bénéfices considérables, qui s'élevaient au 31 décembre 2007, à près d'un milliard cinq cents millions d'euros ». Ils dénoncent « le procès injuste fait » au courtier, qui « ne parviendra pas à masquer le scandale de la Société Générale ».

Sur LCI, un ancien inspecteur de la banque, bien que licencié pour insuffisance depuis six ans, cogne sur les systèmes de contrôles internes. Parallèlement, la responsabilité de la banque est évoquée dans l'accentuation de la chute de la Bourse dans les jours derniers.

Ségolène Royal, la candidate socialiste malheureuse lors de l'élection présidentielle, évoque devant les caméras une « connivence » entre le pouvoir et « ceux qui jonglent avec des milliards ». Un extrait de sa déclaration est diffusé : elle met en parallèle la « désinvolture » de la banque avec les difficultés des « familles » qui sont en découvert bancaire, et dénonce les « patrons grassement payés » qui restent en place, avant de demander que « les 7 milliards soient rendus aux familles », à tous ceux qui ont des difficultés financières et sont interdits bancaires.

Sur France Télévision, la tante du jeune trader est au bord des larmes : « Mon Jérôme porte le chapeau [dans une] entourloupe qui le dépasse. » Un collaborateur de la banque, anonyme, bat en brèche la thèse du trader isolé, en déclarant : « [...] pour atteindre 5,5 milliards de pertes, il faut avoir eu 50 milliards de liquidités entre les mains. Or, aucun trader ne dispose d'une telle ligne de crédits ». Ainsi, pour ce salarié « l'absence de contrôle signifie qu'il y a eu des complicités internes. Soit dans la hiérarchie du trader. Soit au middle office (l'entité chargée d'enregistrer les ordres) où il a travaillé auparavant ». Pour ce salarié, qui côtoyait le trader, il s'agissait d'un mec « sympa, honnête, discret [et] ambitieux ». Et de conclure : « Il a été couvert, puis lâché. Il a été un fusible. »

De son côté, Henri Guaino, la plume du président de la République, déclare sur RTL : « L'État n'hésiterait pas à protéger la Société Générale en cas de raid. » En introduisant cette donnée, il induit l'idée d'un prédateur étranger et commence à déstabiliser la banque.

Après la réunion du comité de crise du soir sur les sujets stratégie, augmentation de capital, communication, aspects juridiques, etc., je rentre dîner avec mes enfants. Je pense à Daniel et me demande ce que, au même moment, on lui dit à l'Élysée. Je le saurai deux heures plus tard, à 22 h 50, lorsque je le retrouverai rue François-1er dans Paris, devant le siège d'Europe 1 où nous avons rendez-vous pour enregistrer l'émission du lendemain matin avec Jean-Pierre Elkabbach, qui revient d'Inde où il accompagnait le Président en voyage officiel : « Nicolas Sarkozy était fou de rage, me raconte-t-il au téléphone en préparant l'interview, sa visite était reléguée en milieu des journaux alors que Kerviel faisait la une partout. »

J'arrive à l'angle de l'avenue Montaigne et de la rue François-1er à 22 h 15 pour faire le trottoir avec Jean, l'avocat de la banque, qui me tient au courant par oral de l'évolution judiciaire du dossier. Je retrouve ensuite Daniel, l'interroge sur sa rencontre avec le conseiller de Sarkozy. Il pose sa main sur mon épaule, ferme les yeux, prend sur lui, et me lance :

– Vous verrez, ce sera une bonne solution pour les collaborateurs et les actionnaires.

Il ne peut pas être plus sibyllin. Je n'ai pas le temps de résoudre cette énigme, Daniel entre dans les locaux de la radio. Elkabbach est effaré des deux têtes qu'il découvre : nous avons les traits très tirés. Je me rappellerai toujours du regard posé sur nous, sa surprise et sa peur. Je prends conscience que nous faisons pitié.

Anne-Marie, sa fidèle assistante, détourne les yeux. Elle est le double de Jean-Pierre, son cerveau amplifié. Son rôle auprès de lui depuis des années est immense, elle lui apporte la précision chirurgicale de ses questions, toujours incisives. Les huit premiers jours de crise se font lourdement sentir. Cela se voit sur nos deux visages creusés.

Elkabbach ne nous dit pas qu'il a un autre invité le lendemain matin, après l'enregistrement de Daniel. Il a invité l'avocat de Kerviel dans la foulée, qui va détruire tous les arguments de la banque en réponse. Si j'avais su, je n'aurais jamais donné mon feu vert et il le sait. Je lui ai accordé l'exclusivité et il me trompe. Il ne laisse même pas une minute d'impact à Daniel le lendemain. Il a négocié avec la partie adverse en même temps qu'avec moi. Il ne m'a rien dit. Je suis trahi et humilié. C'est la première fois que cela m'arrive. Le constat est très clair : à ses yeux, Daniel Bouton et moi sommes déjà morts. Il peut nous tromper car nous allons disparaître de son paysage, celui des puissants, de ceux que l'on invite, avec qui l'on négocie, que l'on sollicite au micro. Cela me fait mal.

28 janvier 2008

À l'Élysée, Nicolas Sarkozy tient sa réunion matinale à 8 h 30 lorsque son conseil en communication sort un sondage réalisé sur Internet. Il sera publié dans *Le Figaro* le lendemain. La question posée aux internautes est directe, la réponse sans appel : 85 % des Français estiment que Daniel doit démissionner.

La journée commence mal pour Daniel, toutes les télévisions du week-end ont cogné sur lui. La presse du matin est dure. Plusieurs « nouvelles » viennent entacher la banque, elles s'enchaînent et tournent en boucle. Le premier coup part avec le scoop de la première heure :

– Un administrateur aurait vendu des actions quelques heures avant les révélations.

De là à parler de délit d'initié, il n'y a qu'un pas, que tout le monde franchit allègrement. Au 35e étage de la tour Société Générale, le comité exécutif est réuni. Les responsables des pôles d'activité racontent ce que vivent leurs équipes et parlent de l'évolution de leurs activités. Dans les agences bancaires, les conseillers de clientèle se font agresser par des clients incrédules, qui les tiennent pour responsables de cette bérézina. Certains en profitent pour rappeler toutes les aigreurs accumulées depuis des années. Tout défile : un crédit refusé, un découvert non autorisé, un dossier trop lent, un prêt immobilier trop cher, des placements non performants, un manque de réactivité. 160 000 personnes sont agressées du matin au soir, au bureau, dans les dîners en ville, en famille. Les clients ont gelé de nombreuses opérations, ils menacent de partir. Certains, de plus en plus nombreux, ont déjà fermé des comptes. Le rythme des clôtures est directement corrélé avec l'exposition médiatique de Kerviel ou de Daniel. Les ouvertures de nouveaux comptes se sont arrêtées. Le business part de travers en France. À l'international, les Japonais retirent tout, les Chinois attendent de voir, les Américains hésitent, les Anglais se moquent.

Les délégués syndicaux de la banque renchérissent :

– Ce n'est rien de dire qu'un tel carton a suscité la colère dans le reste de la banque, où la plus petite erreur de caisse de moins de 100 euros fait fondre le ban et l'arrière-ban sur son malheureux auteur… Cette année, la participation, ce sera zéro, l'intéressement presque rien, et quant aux actions, elles ont perdu la moitié de leur valeur en un an !

La ministre de l'Économie évoque sur RTL la nécessité de modifier les systèmes de contrôle.

Un ancien trader de la banque sur le marché des *futures*, l'activité de Jérôme, déclare :

– Il est impossible que la chambre de compensation n'ait pas prévenu la banque. [...] À la moindre anomalie, elle en parle à la banque et vice et versa.

Il décrit le métier et la vie des traders :

– Il m'est arrivé de gagner jusqu'à 10 millions de dollars dans une journée, et pareil dans l'autre sens, puis ajoute : Jérôme n'a pas visé son enrichissement personnel mais s'il avait réussi à déboucler son opération avec un gain, la banque lui aurait payé un joli bonus !

Ce témoin anonyme porte également une accusation grave contre la banque :

– Tous les deux ans, on trouvait entre 5 et 10 millions de dollars de pertes non déclarées, parfois davantage. On prévenait le mec, on lui disait que ça n'allait pas et il partait. Discrètement.

Le festival de missiles continue toute la journée.

Le président d'un obscur bureau de conseil en finance, met en doute systématiquement la version de la banque. Il souligne la communication « brutale et vindicative » de Daniel.

Un professeur d'économie évoque le caractère « très déstabilisant pour les collaborateurs » de l'annonce de la fraude. Un autre émet ses doutes sur l'acte isolé.

Un analyste financier s'exprime sur le débouclage de la position :

– La Générale aurait pu provoquer un krach si elle avait vendu toutes ses positions en un seul jour.

Un doyen d'université stigmatise la « faille » du système de sécurité de la banque.

Les députés demandent une commission d'enquête et dénoncent publiquement le système financier mondial, la responsabilité de la banque, le manque de « maîtrise du facteur humain », et critiquent vivement Daniel, « énarque venu directement de Bercy sans aucune expérience de l'entreprise ».

Le sénateur de la Mayenne s'émeut de la « faille dans le système Société Générale ».

À gauche, la « connivence » des puissants avec « ceux qui jonglent avec des millions » est le thème dominant. Le premier secrétaire du Parti socialiste déclare : « Le sort du P.-D.G. est scellé » alors que le porte-parole demande une commission d'enquête, en exigeant que la banque « s'explique sur une mauvaise décision », celle d'avoir informé tardivement le gouvernement et d'avoir « sur-réagi » sur les marchés en vendant « vite et beaucoup, ce qui a augmenté les pertes » ; Le secrétaire national du PS à l'économie et à la fiscalité voit dans l'affaire « le symbole de l'argent fou ». Le maire de Paris critique le capitalisme financier, et cette affaire « extravagante ». Une tête de liste tient à s'afficher : le président de la Générale « n'échappera pas à sa responsabilité ». D'autres tentent la comparaison avec le dopage du Tour de France ou attirent l'attention sur la responsabilité de la banque : « On tire sur le lampiste. On ne peut pas mélanger contrôleurs et contrôlés ».

La Ligue communiste révolutionnaire gronde : « [...] il s'agit de la partie visible de l'iceberg ; ce qui est en cause, c'est l'opacité du monde bancaire ».

Les syndicalistes orientent naturellement leurs commentaires sur le préjudice subi par les salariés dans cette affaire.

Un professeur inconnu, qui annonce avoir été trader pendant huit ans, déclare : « Nous sommes tous des Jérôme en puissance. Il faut un énorme travail sur soi quand on est trader, pour gérer ses émotions. La dimension psychologique n'est pas assez prise au sérieux, ni en compte dans les contrôles. Il y a de la part du trader une aversion aux pertes, qui prend alors de plus en plus de risques. Il y a une dissonance positive. Le contrôle n'est que quantitatif. Il faut bien penser que Jérôme n'avait pas pris de vacances depuis deux ans. Il faudrait du coaching pour chaque trader. »

Un sénateur, invité de France Inter sur le sujet, affirme : « C'est extravagant cette situation. Je ne pense pas que le P.-D.G. puisse faire autrement que de partir. »

Le président du groupe Nouveau Centre à l'Assemblée nationale estime que Daniel doit « tirer toutes les leçons » de la « fraude » massive dans sa banque.

Pendant ce temps, l'association des actionnaires indique qu'elle va demander à l'AMF l'ouverture d'une enquête pour informations trompeuses et sur d'« éventuelles opérations d'initié ».

Un policier présent lors de la garde à vue se met à table devant l'Agence France Presse et affirme que la version de la banque n'est pas forcément objective : « [...] il est en effet permis de se demander si la banque n'a pas donné à ce garçon plus d'importance qu'il n'en a réellement. [...] Or seules les expertises du matériel saisi à son domicile et à son bureau permettront de préciser son degré d'implication ». Une source proche du dossier est citée : « Au cours des premiers interrogatoires, Jérôme a expliqué qu'il n'a rien fait d'autre que travailler pour son employeur en cherchant à réaliser des profits – ce dont il dit s'honorer aujourd'hui encore [...].

Pour ce faire, il admet avoir bricolé en allant au-delà de ce qu'il était autorisé à faire. En revanche, il conteste toute intention frauduleuse et jure qu'il n'a pas effectué de malversation à son profit. Au passage, il se flatte d'avoir précédemment été à l'origine de jolis succès. Selon lui, ses positions affichaient un solde bénéficiaire de 1,4 milliard à la fin 2007. » Le journaliste en déduit que le trader « aurait jugé qu'il n'était pas opportun » de solder ses positions « dans l'urgence comme cela a été fait en début de semaine dernière ». Il oublie simplement de signaler que la position du trader était en perte de 2,8 milliards sur les dix-huit premiers jours de janvier 2008…

Certains observateurs accusent la banque d'avoir été à l'origine de la baisse des taux de la Federal Reserve américaine.

Bref, tout le monde s'en mêle. C'est la curée et une discussion de café du commerce géante.

Mais le coup le plus médiatique tombe l'après-midi. Nicolas Sarkozy effectue une visite à l'université Paris Sud-XI dan?s l'Essonne, devant les caméras et micros de tous les médias. Il choisit de faire payer à Daniel son silence envers lui :

– Une crise comme celle de la Société Générale ne peut pas rester sans conséquences s'agissant des responsabilités, y compris au plus haut niveau. Je n'aime pas porter de jugement personnel sur les gens, surtout quand ils sont dans la difficulté, mais on est dans un système où, quand on a une forte rémunération qui est sans doute légitime, et qu'il y a un fort problème, on ne peut pas s'exonérer des responsabilités.

En privé, le pouvoir se lâche sur Daniel. Nicolas Sarkozy réagit en politique, et en animal de pouvoir, sans prendre en compte la dimension financière de ses propos. L'opération de recapitalisation n'est pas bouclée. Ce qui se passe dans les agences de la banque – et le risque de retraits massifs – n'est pas dans son champ de vision. Il ne réagit pas en homme d'État qui chercherait à préserver l'une des grandes banques du pays en équilibre sur un fil, mais en homme humilié d'avoir été écarté de la gestion de la crise. Il en fait une affaire personnelle. Pour Northern Rock, une banque écossaise en faillite, l'ensemble de la classe politique britannique avait été solidaire pour éviter le pire. À Paris, chacun joue la politique du pire. Il faudra dix jours à Nicolas Sarkozy pour comprendre le fond du problème. C'est long, dix jours.

Rachida Dati, la ministre de la Justice, juge opportun d'abonder immédiatement dans le sens du Président. Elle se jette sur les premiers micros tendus pour souligner lourdement « la responsabilité de la direction de la banque ».

Ces deux déclarations gonflent fortement la pression médiatique, je le vois en direct sur mes écrans. Je reçois systématiquement un mail chaque fois que le nom de la banque ou de l'un de ses dirigeants est évoqué dans le moindre média audiovisuel. Grâce à ce système, je suis à la seconde près l'ampleur du flux médiatique et son impact en audience : en cliquant sur les hyperliens je peux écouter les podcasts. Un logiciel transcrit les scripts. C'est ainsi que je suis l'importance du flux, donc de la polémique. La vague monte très haut.

Les déclarations du président de la République ouvrent une nouvelle phase : elles provoquent le rejet, l'overdose chez les collaborateurs, qui n'en peuvent plus et commencent à vouloir se mobiliser. Des associations de salariés et anciens salariés me consultent. Je les incite à se manifester. Ils me demandent ce qu'il faut faire, je me contente de leur donner la date et le lieu du prochain conseil d'administration. Je les connais bien, je suis membre de l'Amicale des cadres. L'entrée de Nicolas Sarkozy dans la mêlée constitue la goutte d'eau qui fait déborder le vase. Les propos du Président provoquent une réaction chimique : le ras-le-bol des salariés se cristallise contre lui.

Une députée du Parti socialiste le comprend très vite. Interrogée sur France Télévision, elle s'émeut de l'irresponsabilité de l'exécutif et déclare quelques minutes après les propos de Nicolas Sarkozy : « Il ne faut rien faire dans l'immédiat qui fragilise la banque. Quand toutes les responsabilités auront été établies, alors il faudra en tirer toutes les conséquences. »

Une autre, un peu plus tard, demande d'« éviter la politique du bouc émissaire » alors qu'un troisième déclare : « On ne jette pas le capitaine par-dessus bord quand le bateau est au milieu de la tempête. »

Comme un empereur romain aux jeux du cirque, Nicolas Sarkozy a baissé le pouce en affichant sa volonté de clouer Daniel au pilori. En réaction, le Président mobilise la gauche contre son opportunisme. Les élections municipales doivent se tenir deux mois plus tard. Les socialistes n'ont pas une affection particulière pour la banque, mais ils voient une occasion de souligner l'irresponsabilité de Sarkozy : ils s'engouffrent dans la brèche. Le Président aurait dit l'inverse, ils nous auraient cogné dessus, reprochant au Président son amitié avec les puissants.

Pendant ce temps, au milieu de brouhaha de plus en plus inaudible pour l'opinion, je reconstitue le film de la fraude. Je rencontre tous ceux qui ont travaillé avec Jérôme, ceux qui l'ont interrogé.

Je comprends comment la fraude a été découverte et ce qui s'est passé ensuite.

Flash-back.

Lundi 7 janvier 2008

Alarme. À quelques pas de la tour Société Générale, dans un immeuble latéral de la banque, un contrôleur de la direction des risques reçoit comme chaque soir les fichiers du desk de Jérôme Kerviel pour le *dashboard* quotidien. Les fichiers contiennent huit *forwards* avec une contrepartie bancaire connue. Il effectue le calcul de la position et constate un volume trop élevé pour cette contrepartie. L'importance de la somme lui fait penser qu'il s'agit d'une erreur. Il ferme le dossier, il connaît Jérôme depuis plusieurs années et a confiance : il lui posera la question le lendemain.

Mardi 8 janvier 2008

Arrivé au bureau mardi matin, il transmet une alerte à Jérôme et à Éric Cordelle, son responsable direct. Ce dernier ne comprend pas et interroge le trader, qui sourit, prend un air rassurant, le regarde dans les yeux, et fournit sa réponse :

– T'inquiète vieux, ça matérialise des *give up* de futs faits tardivement, je dois de l'argent à la contrepartie, on va les *rebooker as soon as possible*.

Satisfait d'avoir la réponse, Éric lui demande de la formaliser par mail en mettant en copie la direction des risques.

Éric Cordelle n'est pas un grand expert des salles de marchés. Il a été placé à ce poste après le départ de l'ancien responsable de Delta One. Le poste a été vacant plusieurs mois. Son profil d'ingénieur doit servir à structurer les opérations, formaliser les processus, sécuriser l'exploitation. Pour l'épauler lors de sa prise de fonction et l'initier au *trading*, il lui est dit de s'appuyer sur le trader le plus expérimenté du desk, un ancien contrôleur de la banque, un garçon sûr et bien noté : Jérôme Kerviel !

Parallèlement, le fichier est automatiquement envoyé à la direction financière pour le calcul du ratio *Cooke* de cette opération. Ce niveau de contrôle est nouveau depuis le début de l'année, compte tenu de la réforme du calcul des fonds propres, dite Bâle II.

Mercredi 9 janvier 2008

Éric demande à Jérôme s'il a régularisé la situation. Ce dernier répond :

– J'ai annulé les opérations, elles n'apparaîtront plus.

Jérôme annule les opérations et passe un *flux pro* pour masquer ses gains.

Jeudi 10 janvier 2008

L'alerte disparaît du *dashboard* quotidien, mais la direction financière continue à tenter de calculer le ratio *Cooke*. Les calculs réglementaires sont effectués, cela prend plusieurs jours. Personne ne s'inquiète fondamentalement. Une alerte est une information sur une anomalie. Il y en a plusieurs centaines chaque mois. Cela peut être un bug informatique, une erreur de calcul de prix, le dépassement d'une couverture, etc. Ces cas sont regardés techniquement, puis traités.

Mardi 15 janvier 2008

Le calcul fait ressortir un résultat aberrant, avec une limite deux fois plus élevée que l'autorisation du petit établissement bancaire annoncé comme étant la contrepartie de Jérôme sur les huit *forwards*.

L'après-midi

Éric est interrogé par la direction financière, il répond que ces opérations ont été annulées et il transmet les échanges de mails sur le sujet avec Jérôme. Puis il demande s'il est encore nécessaire de prendre en compte les huit *forwards* dans le calcul des fonds propres.

Un comptable présent dans les salles de marchés pour tenir les livres demande à ses supérieurs si les huit opérations ont bien été annulées dans leurs bases, à la fois en *front office* mais aussi en comptabilité. Il demande ensuite à son collègue de bureau, Jérôme, si ces opérations peuvent être *nettées*. Jérôme répond par l'affirmative dans un mail très bref. Il met Éric en copie.

Le soir

Éric trouve tout cela étrange, bien qu'il ne mette pas en doute la sincérité de son collaborateur. Il commence à gamberger sur ces opérations et ne comprend pas d'où vient l'erreur. Il demande à Jérôme par mail comment les opérations ont été remodélisées. Jérôme répond par retour direct : « Ça modélise une compensation de *profit and loss* indu. » Mais il ne répond pas à la question. Personne ne songe à douter de son intégrité. Il est entré dans la place huit ans auparavant. Éric ne comprend pas la réponse. Il en parle à sa propre hiérarchie… Rien ne se passe le vendredi, le dossier ne semble pas important. Il est remis au lundi.

En début de semaine, des discussions orales ont lieu entre différents responsables des risques, des opérations, de la direction financière et des supérieurs de Jérôme. L'incompréhension grandit sur lesdites opérations.

Mercredi 16 janvier 2008

Le service financier envoie un mail au service des opérations :

– On a quand même des valos hypersignificatives sur ces deals. Merci d'investiguer, sachant que cela fait exploser le *Cooke*. On en discute quand vous voulez.

La direction financière envoie un mail à Jérôme pour lui dire qu'il va être appelé. Il est contacté par téléphone. Ses explications sont confuses. Tout l'après-midi, les avis se croisent sur les incohérences de la nouvelle modélisation. Cela implique finalement l'ensemble des directions : finance, opérations, risques, *middle office*, etc.

Le contrôleur qui a appelé Jérôme plusieurs fois au téléphone prévient sa hiérarchie que les explications ne sont pas claires.

Une réunion d'urgence est programmée pour le lendemain 17 janvier dans l'après-midi avec Jérôme et l'ensemble des parties prenantes.

Parallèlement, sur le tchat de Reuters, Jérôme envoie un message à Moussa Bakir, le broker auprès de qui il passe ses ordres. Il a l'habitude de traiter ses opérations avec cet intermédiaire. La transaction se fait à une échéance donnée à un prix donné. Les deux amis pensent être sur un espace libre, non enregistré. Reuters est avec Bloomberg l'une des deux agences d'informations économiques et financières où figurent tous les cours et toutes les données de tous les produits listés : actions, matières premières, indices, produits dérivés et structurés, etc. Seuls les abonnés – des professionnels – ont cet accès. Le tchat de Reuters n'est généralement utilisé par personne, tous les autres traders de la banque communiquent de manière officielle et enregistrée sur Bloomberg, le grand concurrent. Jérôme écrit à Moussa :

– bon chui foutu

– kommen ca

– laisse tomber… tu peux me reserver une place dans une boîte en bois

– arrête tes conneries

– Je vais aller chez Casto acheter une corde ce soir…

Vendredi 18 janvier 2008

Jérôme parle avec Moussa sur Reuters :

Jérôme : « ma derniere journee ici ».

Moussa : « arrete ! c le rebond vers 4 180 »

Jérôme : « super »

Jérôme : « chui mort. Pas dormi. Et toi t as dine avec peter et emma hier »

Moussa : « ui. Dq jsui sorti du taf. Il venait sur les champ. javai besoin de faire un truc avant d'aller dormir. Tu aurai du venir au moins manger un bout ».

Chaque jour, une banque européenne ou américaine annonce les milliards de dollars partis en fumée. Ce vendredi-là, la bourse est encore mal orientée. Le mois de janvier est une horreur pour ceux qui sont dans le mauvais sens. Pour Jérôme, de telles déconvenues deviennent insupportables.

Jérôme : « j arrive pas a bouffer »

Moussa : « ca fait 3 jrs que le soir je ne mange pas. Je devais aller à milan avec rachid et ses frere today »

Jérôme : « franchement du devrai y aller »

Moussa : « pas la tete serieux mon reve tu c koi »

Jérôme : « nop. moi je pense ke si j sots de la tour ce soir sans encombre »

Moussa : « le marché remonte à 4 300 »

Jérôme : « j vais m barre à l exterieur de paris »

Moussa : « on coupe cette de pose »

Jérôme : « tain j en reve tous les jours ».

Moussa : « et qu apres on se casse au soleil 15 jrs. Off les portables ».

Pendant ce temps, plusieurs échanges ont lieu entre les différentes directions. Le responsable d'une fonction transversale au *front office*, chargé des problématiques de bilan et de fiscalité, est alerté par la direction des risques sur une consommation excessive d'équivalent risque de crédit sur la petite contrepartie allemande, un courtier. Les transactions à l'origine de cette consommation sont des achats-ventes de *forwards*. Ils ne génèrent aucune exposition en risque mais ils doivent conduire la banque à payer à la contrepartie à la maturité des transactions la somme de 1,5 milliard d'euros ! Ce type de pratique n'a aucun sens économique. Cela est suspect. Jérôme est sollicité par téléphone par les inspecteurs de la banque, mais le flou persiste : il fournit une explication orale sur l'origine des transactions puis il explique qu'il s'agit d'une erreur de saisie :

Les transactions sont en réalité effectuées face à Deutsche Bank et non au petit courtier.

Une confirmation écrite lui est demandée.

Fin de matinée

Jérôme : « j me fait demonter la gueule ici »

Moussa : « tu vas fumer une clope »

Jérôme : « je vais aller chez Leroy Merlin m'acheter une corde… »

Le responsable des activités de produits dérivés de la banque informe le n° 2 de la banque d'investissement, l'adjoint de Jean-Pierre, d'un souci sur un risque de contrepartie très élevé avec un courtier allemand. Ce dernier convoque une réunion à 13 heures dans la salle de marchés du 7e étage.

Jérôme envoie la photocopie d'un mail du courtier allemand confirmant l'erreur et justifiant que la contrepartie interbancaire est bel et bien Deutsche Bank. Mais ses explications restent peu crédibles. Sa hiérarchie décide de poursuivre les investigations. Il est notamment décidé de joindre directement le *back office* de l'Allemand.

Moussa : « ca va toi copain »

Jérôme : « non. Chui vire ce soir je pense. Il y a eu reunion sur mon cas »

Moussa : « arrete de vor noir »

Jérôme : « et la martial parle avec eric. J pense ke chui kické »

Moussa : « concentre toi sur le marché ».

Début d'après-midi

Jérôme : « chui dans une grosse merde »

Moussa : « pkoi ? »

Plus tard

Jérôme : « chui viré dans 30 minutes »

Moussa : « tu as meeting. Avec qui »

Jérôme : « martial et baboulin »

Moussa : « tu mappelles apres »

Jérôme : « franchement g pas envie de parler ».

Les marchés européens sont en forte baisse après de nombreuses rumeurs de dépréciations supplémentaires à passer dans toutes les grandes banques, liées à la crainte d'une aggravation de la crise financière et l'entrée en récession économique des États-Unis. Le plan Bush pour soutenir l'économie est jugé dérisoire. La chute de la consommation américaine est historique.

Moussa : « courage poto »

Jérôme : « il est mort le poto ».

Il dit cela alors qu'il sait qu'il est cerné par les contrôles de la banque. Et pourtant, au même moment, alors que les marchés s'effondrent, il continue d'augmenter méthodiquement ses positions dans des proportions… inhumaines. Pourquoi ?

Plus tard encore

Moussa : « je tenvoie la conf »

Jérôme : « OK ».

Jean-Pierre est informé du risque potentiel de contrepartie sur le petit broker allemand et de la démarche auprès de Deutsche Bank pour vérifier.

La banque appelle son contact chez Deutsche Bank. Il n'est pas joignable.

Moussa : « tu vas faire quoi apres on dine »
Jérôme : « non. Chui pas soirti »
Moussa : « ver kel h »
Jérôme : « che pas. Jé jy vai on sappelle ».

Jérôme Kerviel est au bout du rouleau. Son stress devient insupportable. Il doit faire face à ses mensonges et à l'effondrement de ses positions interdites. La réouverture lundi n'a aucune chance d'être mieux orientée : les bourses américaines seront fermées, jour férié.

La hiérarchie de la banque ne réussit pas à obtenir d'interlocuteur de la Deutsche Bank à Londres. Elle appelle ses interlocuteurs à New York. Ils ne trouvent pas trace des opérations dans le système d'information américain. Les responsables de la Société Générale commencent à s'inquiéter fortement.

Les coordonnées du contact sont demandées au responsable du département des dérivés actions à Londres. L'Anglais ne répond pas. Un message lui est laissé.

Au milieu de cette nuit, le responsable des dérivés de Londres prend connaissance du message. Il rappelle pour dire qu'il recherche les coordonnées personnelles. Il les enverra par mail plus tard dans la nuit.

Samedi 19 janvier 2008

Martial Rouyère, le second supérieur de Jérôme, lit le mail sur son Blackberry et note les coordonnées. Il tente de joindre l'interlocuteur de Londres, sans succès. Il laisse un message urgent.

L'interlocuteur britannique de la Deutsche Bank rappelle un peu plus tard depuis son lieu de week-end : il déclare ne pas avoir eu de contact avec Jérôme depuis plusieurs mois et n'avoir traité aucune opération avec ce dernier récemment. Cette déclaration invalide les explications de Jérôme. Martial s'effondre : Jérôme lui a menti depuis le début des investigations. Il ne laisse rien transparaître à son homologue, le remercie, trouve une plaisanterie et lui souhaite un bon week-end. Il panique, ses mains tremblent, il a du mal à composer le numéro de son adjoint, Éric. Ce dernier décroche, comprend et tombe à la renverse. Un long silence suit. Les deux responsables décident de retourner au bureau et de convoquer une conférence téléphonique avec Jérôme. Ce dernier est joint sur son portable en Normandie. L'heure est fixée.

Fin de matinée

Martial arrive au bureau. Il entre dans la base informatique pour tenter de comprendre ce que Jérôme a fait. Éric le rejoint. Ils ne comprennent pas ce qui leur arrive. Ils cherchent et voient peu de chose. Au bout d'une heure, ils décident de prévenir Jean-Pierre, qui est sur place pour préparer sa présentation au conseil d'administration du lendemain. Jean-Pierre devient blême, transpire, remercie son collaborateur et fonce dans la salle de marchés où travaille Martial. Ils récapitulent les événements, les coups de fil à la Deutsche Bank et le mensonge. Jean-Pierre s'agite, comprend vite et se précipite dans le bureau de Daniel.

Daniel est dans son bureau avec Philippe et le directeur des risques. Ils travaillent sur les méthodes de dépréciation de l'exposition de la banque aux crédits immobiliers bas de gamme américains et sur les hypothèses d'évolution des indices. Les chiffres font mal : ils devront prévenir le lendemain le comité des comptes, puis tout le conseil d'administration, que le résultat de l'année sera amputé de près d'un milliard et demi d'euros compte tenu de la très forte chute de la valeur de marché des maisons du segment *subprime* vendues en 2006 et 2007 outre-Atlantique. Les segments *prime* et Alt-A tiennent encore bien. Jean-Pierre entre sans frapper et lance sans détours :

– J'ai une mauvaise nouvelle.

– Eh bien, dites-la, répond Daniel.

– Nous avons découvert une position de *trading* non autorisée et dissimulée !

– Combien ?

– Je ne sais pas combien, je connais juste le nom du trader de 30 ans, Jérôme Kerviel, que je n'ai jamais vu.

Le patron de la banque d'investissement précise que le trader a passé des opérations frauduleuses. Il s'en est rendu compte parce que la contrepartie déclarée de ces opérations n'a pas reconnu un ordre significatif supposé avoir été passé. Cet arbitrageur de *futures* avait été interrogé par ses équipes de contrôle le vendredi 18, suite à une alerte sur des *forwards* passés pour le compte d'une contrepartie allemande, un petit broker. Cette opération dépassait anormalement ses limites et avait déclenché une alarme.

– Le trader a annulé l'opération, mais nos contrôleurs ont voulu vérifier sa modélisation.

Après des explications confuses, il avait finalement précisé qu'il s'était trompé et que sa contrepartie était en réalité la Deutsche Bank. C'est du moins ce qu'il avait dit vendredi.

– Il a fourni un mail de confirmation en provenance

de cette banque. Nous avons tenté de joindre la contrepartie vendredi en vain. Nous avons vérifié ce matin : ils n'ont fait aucune opération avec Jérôme depuis plus d'un an ! Le justificatif est faux !

Daniel reste serein, il marque une pause et dit :

– Le *rogue trading* est le pire cauchemar du banquier, nous devrons en parler au régulateur : mettez immédiatement une équipe d'inspection sur le poste de travail de ce trader et tenez-moi au courant en temps réel de tout ce que vous trouverez.

Jean-Pierre précise que l'équipe est en cours de constitution, il a fait demander à une dizaine d'auditeurs de revenir de leur lieu de week-end.

– Et le trader ? demande Daniel.

– Nous cherchons à le faire revenir au bureau…

Un *conference call* est organisé en début d'après-midi. Jérôme y participe depuis son lieu de week-end, il déclare :

– Oui, j'ai menti, je reconnais que ces opérations sont fictives, mais elles ont pour but de masquer un résultat de 1,4 milliard d'euros en 2007.

Ses interlocuteurs sont estomaqués. Ils se regardent en se demandant si le gars est fou. Un résultat de cette taille est tout simplement impossible sur des activités d'arbitrage. Ils ne montrent pas leur incrédulité et poursuivent le dialogue avec leur collaborateur.

– Il faut que tu reviennes à la tour Société Générale le plus tôt possible pour nous expliquer tout cela de manière plus précise.

– D'accord, mais je suis en Normandie…

– C'est très important que tu viennes nous aider à comprendre ton résultat.

– OK…

Il hésite, bredouille… La ligne capte mal, on n'entend pas tous les mots.

– Je compte sur toi, hein ?

– Oui, je mets tout en œuvre pour revenir le plus tôt possible… je vais voir s'il y a des trains.

La ligne grésille.

– Prends le premier train, nous t'attendons.

Les équipes d'auditeurs arrivent à La Défense et se mettent au travail : ils pénètrent la base informatique et repèrent toutes les positions enregistrées sur le poste de Jérôme et de son assistant trader.

16 h 00

Martial s'inquiète de ne pas voir Jérôme arriver. Il n'a aucune nouvelle. Il cherche à le joindre. Trois messages n'y font rien. Il passe alors plusieurs textos sur son mobile. Quelques minutes plus tard, il reçoit un SMS en retour :

– Je préférerais me jeter sous le train que de revenir.

Il a des sueurs froides. Il faut à tout prix éviter le suicide. Il le rappelle :

– Ne fais pas l'idiot, tout va bien, tu as gagné de l'argent. On va juste discuter, tu vas nous aider à comprendre, c'est tout.

Cette phrase rassurante masque une immense inquiétude. Martial rassure Jérôme pour qu'il ne fasse pas de conneries, mais au fond de lui, il a l'angoisse du vide et de l'inconnu : que va-t-il trouver derrière ce mensonge et ce chiffre stupéfiant d'un « bénéfice » de 1,4 milliard ?

– OK, je viens.

Jérôme arrive en début de soirée à la banque. Ses chefs sont soulagés de sa présence, ils pensent pouvoir comprendre rapidement. Ils savent simplement qu'il a saisi des opérations fictives dans la base dans le courant de l'année 2007 pour leur masquer des transactions effectuées hors de son mandat. La suppression des opérations fictives qui ont alerté le *front office* le 18 janvier fait apparaître un résultat d'un peu moins de 1,5 milliard d'euros, mais ils doutent fortement de la réalité de ce gain stratosphérique, complètement hors limites. Ils suspectent l'existence d'autres opérations qui compenseraient ce résultat par des pertes d'un montant équivalent ou supérieur. Jérôme Kerviel paraît défait, il ne s'est pas rasé.

Le responsable mondial du département Dérivés Actions, Luc François, rejoint Martial et Jérôme.

Ils s'installent dans une petite salle de réunion au 7e étage de la tour, qui jouxte la salle de marchés où travaille Jérôme. Elle est reliée par téléphone à une autre salle où les inspecteurs et auditeurs de la banque écoutent la conversation, prennent des notes et effectuent les recherches dans la base, pour investiguer en temps réel et vérifier les déclarations et les transactions effectuées par le trader. Ils ne savent pas si Jérôme va les aider à comprendre, leur donner un coup de couteau, se jeter par la fenêtre ou être coopératif. Le SMS sur le passage sous le train les a marqués. C'est une tombe qu'ils trouvent en face d'eux. Jérôme les balade, il ne prononce presque aucun mot, ou rien de précis. Sa voix est presque inaudible.

Luc est face à un mur. Le trader se focalise sur son gain.

– J'ai gagné 1,4 milliard.

Comment peut-on « gagner » une somme pareille tout seul ? C'est impossible ! Il faudrait dépasser des centaines de fois les limites de tout le desk !

– Tu as pris des positions hors limites ?

– J'ai pris des positions en *intra day* sur les *futures*, rien de plus.

Ses réponses sont concises. Il ne se rappelle que de ses gains. Il faut lui arracher de la bouche des bribes de phrases.

– Ce n'est pas cohérent ! Comment as-tu pu obtenir un tel résultat, à supposer que c'est le cas ?

Jérôme regarde par terre, il se referme et se tait.

– Explique-moi comment, je veux comprendre…

Dans l'après-midi, Jérôme avait parlé d'une martingale. Être certain d'avoir découvert une martingale est désastreux. C'est le poison du trader : se fier à des corrélations d'événements et en tirer des lois, passer de la synchronicité à la causalité. Habité par cette illusion, l'opérateur renforce ses positions risquées. Cela marche tant que la supposée formule magique se reproduit. Et comme les miracles sont rares, surtout dans les salles de marchés, la probabilité de faire une énorme connerie se renforce au même rythme que les positions.

Au bout d'une heure, Jérôme n'a rien dit de précis. Il ne parle que de ses gains. L'enquête n'avance pas. Le temps passe. À aucun moment Jérôme ne coopère. Il ne confirme les éléments que lorsqu'il est coincé, puis se referme comme une huître. Il est décidé de changer son interlocuteur.

Les équipes internes commencent à pénétrer le système informatique. Elles examinent toutes les transactions enregistrées dans l'ordinateur de Jérôme en commençant par le début de l'année 2007. La tâche est rude, un arbitrageur de *futures* comme Jérôme passe des milliers de petites opérations chaque jour : il clique aussi souvent qu'un enfant devant sa PS2 en suivant à la seconde les évolutions des marchés et de ses positions. Ce métier n'est pas risqué car on achète et on vend les deux positions quasiment simultanément. Le risque, ce n'est pas le montant de la position, c'est le delta. Faire 1,4 milliard avec le delta, c'est tout simplement impossible. Cela signifie que le trader a pris des positions énormes, sans acheter la position inverse. Mais cela aussi est impossible : le système l'aurait vu et les alertes auraient sonné ! Les auditeurs analysent les données de la base, mais la multitude des opérations ne leur permet pas d'avoir une vision consolidée des opérations.

Jérôme reste fermé comme une huître. Luc est remplacé par Jean-Pierre Mustier et Slavomir, son directeur de cabinet. La venue de Jean-Pierre flatte Jérôme. Il n'a jamais parlé directement au grand chef de la banque d'investissement. Jean-Pierre est la star de ce métier : il est riche, puissant, respecté, et son activité est la plus performante au monde depuis sa création. Jean-Pierre et son directeur de cabinet tentent la complicité. Ils n'en sortent pas grand-chose. Pendant ce temps, les auditeurs retracent l'historique des positions. Jean-Pierre les reçoit sur son Blackberry. C'est seulement au fur et à mesure que les éléments factuels sont apportés par les auditeurs, en contradiction, que Jérôme admet certains faits, comme des opérations avec des contreparties fictives depuis le début de l'année 2007. Mais il concède simplement des fraudes partielles, tout en continuant à développer sa version gagnante-gagnante. Au bout d'un long moment, alors que les éléments arrivent de plus en plus nombreux, Jérôme demande à aller aux toilettes. Jean-Pierre croise le regard de son directeur de cabinet avec la même angoisse, celle du suicide. Ils ont connaissance du texto où Jérôme parlait de se jeter sous le train.

Jean-Pierre décide de l'accompagner. Ils traversent la salle de marchés vide ensemble :

– Tu sais Jérôme, je suis là pour t'aider, mais il faudrait que tu fasses un effort.

– Hum.

– J'ai besoin de toi.

– Mais vous allez me virer de la banque.

– Si tu as gagné 1,4 milliard, cela veut dire que tu es clairement sorti de ton mandat et que tu as gravement exposé et mis en risque toute la banque… Là, probablement, ce sera difficile de rester à la banque.

Jean-Pierre repense au suicide d'un trader l'année passée, qui n'avait pas supporté une perte de quelques dizaines de millions : il avait cherché à renforcer ses positions en dépassant ses limites pour se refaire, s'était fait flasher par les radars internes et avait été mis à pied comme le veut la règle. Il était parti se jeter sous un pont. C'était la première fois qu'un tel drame s'était produit à la Société Générale. Jean-Pierre avait été très marqué par cet événement. Il veut tout faire pour éviter que cela se reproduise.

Arrivé aux toilettes, Jean-Pierre se reprend, il veut rassurer Jérôme :

– Mais derrière, si tu as gagné 1,4 milliard, tu pourras aller bosser dans un fonds et gagner du blé. Si tu as vraiment gagné 1,4 milliard, c'est que tu es vachement bon, ça veut dire que tu es un très bon trader. Il y en a de temps en temps. Il faut que tu te mettes ça dans la tête et que ce que tu as fait, ce n'est pas grave. C'est emmerdant, mais ce n'est pas grave. Il faut que tu sois tranquille avec toi-même.

– Mais j'ai masqué des positions…

– Tu as fait un bénéfice de 1,4 milliard. Ce n'est pas grave. J'ai besoin que tu m'aides.

– Tant que tu auras besoin de moi, je ne ferai pas de conneries.

Jean-Pierre lui serre la main. Il continue de dédramatiser. Il baratine son trader pour le rassurer, copiner, le mettre en confiance et tenter d'obtenir enfin les infos précieuses qui permettront de comprendre et de gagner du temps. Au fond de lui, il est mort de peur. Il imagine la taille des positions pour arriver à ce bénéfice. Il faut des dizaines de milliards. La banque est habituée aux grosses sommes : ses opérations annuelles s'élèvent en milliards de milliards, mais ce sont des positions d'arbitrage ou de couverture, qui s'annulent, elles sont sans risque car 100 % corrélées à d'autres positions. Mais pour faire 1,4 milliard, il faut avoir pris des positions directionnelles sans contreparties. Cela peut être mortel. Il tente d'obtenir plus d'informations. Savoir devient vital. Il lui faut identifier les positions, comprendre les risques induits et prendre les mesures correctrices. Il garde sa main dans celle de Jérôme, la serre fort et le regarde droit dans les yeux :

– J'ai besoin de toi, ne fais pas de bêtises.

Ils reviennent dans la salle.

– Comment peux-tu nous aider à prouver que tu n'as que 1,4 milliard de gains et pas de pertes autre part ?

– Il n'y a pas de pertes.

Jérôme ne démord pas de la version selon laquelle le résultat dégagé est bien de 1,4 milliard et qu'il n'y a pas d'engagement en face : « Les risques sont quasiment clôturés au 31 décembre. »

Ils n'en tirent rien de plus. L'angoisse monte. Tout est irréel. Rien n'est cohérent.

Les inspecteurs reviennent :

– À la lumière des recherches que nous venons de faire, ton résultat ne peut pas avoir été généré seulement avec des positions *intra day* comme tu essaies de nous le faire croire.

– Ben, si…

– Non, tu as pris des positions directionnelles sur le Dax et l'Eurostoxx…

– Euh, oui, ça me revient…

– Importantes ?

– Je ne sais pas.

– As-tu fait quelque chose en 2008 ?

– Presque rien…

– C'est-à-dire ?

– Quelques positions, très faibles.

– Quoi ?

– Je ne me rappelle plus.

– As-tu agi seul ?

– Oui.

Minuit

Jean-Pierre arrête les interrogatoires, rien ne sort. Il propose à Jérôme d'aller se coucher et de revenir le lendemain matin. Il ne sait toujours pas si son trader est mythomane ou s'il a réellement enregistré un gain de ce montant. Il fait venir le médecin du travail. Jérôme refuse toute assistance. Mais le médecin discute avec lui et cela le détend. Il ne souhaite pas que sa famille soit prévenue. Dehors, ils grillent une cigarette au bas de la tour. La Défense est vide.

0 h 30

Philippe a tout écouté au téléphone avec le directeur des risques. Il rejoint Jean-Pierre pour décider des actions à mener, notamment vis-à-vis du conseil d'administration prévu le lendemain.

Jérôme quitte la banque, accompagné du docteur,

Martine, qui le laisse dans un taxi après lui avoir fait signer une décharge : il ne voulait pas être hospitalisé en clinique. Il lui est demandé de revenir à 9 heures, après avoir dormi.

*

Je commence à comprendre le déroulement des faits depuis début janvier et comment Jérôme s'est fait coincer, mais je ne m'explique toujours pas comment il a opéré si longtemps, ni pourquoi il a fait tout cela. Les salles de marché continuent de tout éplucher. Quel est son mobile ? La soif de reconnaissance par la performance ? La recherche de bonus parmi les plus élevés ? L'adrénaline ? Le jeu ? Ce système est vicié. Comment supporte-t-il psychologiquement une telle pression ?

Son environnement de travail semble lui avoir laissé supposer que tous les coups sont permis dès lors qu'il fait gagner plus de pognon. Je suis choqué par ce que la fraude révèle. L'inconsistance du fraudeur me frappe. Ce n'est pas un petit génie. Les montants stratosphériques n'avaient plus aucun sens pour lui. Il naviguait dans un monde virtuel. Sa perte de repères est hallucinante compte tenu des risques pris. C'est de l'inconscience.

Quant au système, il n'avait pas imaginé cette équation :

Un gamin
× inconsistance
× soif de reconnaissance
× cupidité
× environnement de travail glouton
× ancien contrôleur
= risque systémique.

J'enrage. L'addition sera difficile à digérer pour les dizaines de milliers de collaborateurs, les 99 % de salariés qui ne travaillent pas dans les salles de marchés et financent au quotidien l'économie, la vraie, celle des commerces, des chantiers, des usines, des bureaux. Ce sont eux qui sont en première ligne vis-à-vis de l'opinion. J'imagine que la communication interne sera gratinée une fois le choc passé… si nous arrivons à sauver la banque.

J'aimerais être ailleurs. Mais je n'ai plus le choix. Daniel m'a dit : « Vous gérez. » C'est effectivement la seule chose à faire. Je remets mon masque de cadre sûr de lui et retourne dans la cellule de crise.

Mardi 29 janvier 2008

8 h 00

J'écoute RTL dans la voiture. Je viens de déposer Hadrien et Balthazar à l'école. Le secrétaire national du Parti Libéral, chargé de l'économie, déclare sur une radio :

– Une fois la bourrasque et la mise à plat des responsabilités passées, j'espère que le P.-D.G. de la banque présentera une nouvelle fois sa démission. Je comprends que le conseil d'administration n'ait pas voulu que le capitaine quitte le navire dans la tourmente, mais je n'imagine pas qu'une fois les choses réglées, il n'accepte pas cette démission.

Il demande un audit sur les « systèmes de contrôle de toutes les banques. Il préconise une modification législative permettant une "étanchéité totale entre les systèmes de contrôle et les traders". Le téléphone sonne, c'est Philippe Citerne. J'entends un écho au bout du fil, et me dis qu'il est sur haut-parleur. Philippe me baratine :

– Je ne suis pas au bureau, je m'occupe de mes enfants…

Je ne bronche pas, je sais que ses deux enfants ont près de trente ans, que l'un travaille comme ingénieur en Asie. Philippe est au bureau tous les matins à sept heures, quand il n'y dort pas… Je me méfie de lui depuis le coup du communiqué. Philippe me demande la tendance de la presse. Elle est très sévère avec en une les déclarations de Nicolas Sarkozy qui demande la tête de Daniel Bouton sur un plateau. Philippe n'a pas besoin de moi pour le savoir.

Je résume, laconique :

– Ce n'est pas bon. Nous sommes toujours dans la phase émotionnelle : les avocats du trader, les politiques, les pseudo-experts, tout le monde cogne.

– Et sur Daniel ?

– Les déclarations de Nicolas Sarkozy font la une de tous les quotidiens, comme elles faisaient celles des journaux de 20 heures hier soir.

– Daniel ne peut pas tenir !

– Le peuple veut la tête de Louis XVI, mais dans cette histoire, ce n'est pas lui qui vote. Ce sont les actionnaires. À ma connaissance, ni les collaborateurs, ni les clients, ni nos propriétaires ne demandent son départ. Ils souhaitent au contraire que le capitaine pilote le navire dans la bourrasque et réussisse l'augmentation de capital. Il faut que Daniel tienne.

– On ne peut pas faire l'augmentation de capital dans ces conditions. Qu'est-ce qu'on fait ?

– On peut la faire, c'est en cours.

– Non, elle ne passe pas, hurle Philippe dans son combiné !

Je le laisse dire, je ne le crois pas. Soit il panique, soit il complote. L'expert des marchés, c'est lui, il supervise toutes les activités d'*investment management* et de banque d'investissement. Il s'excite, visiblement hors de lui :

– Alors, on fait quoi ?

– Si l'augmentation de capital ne passe pas par le marché, on fait comme Barclays ou d'autres, on fait entrer les fonds, souverains ou pas, chinois, singapouriens ou du Golfe, en trois jours.

– Ça ne marche pas, j'ai essayé !

Il improvise. Les réunions de coordination de crise montrent chaque jour l'appétit des investisseurs du monde entier. J'y participe.

– On fait quoi Hugues ?

– C'est un sujet de conseil d'administration.

– Vous me répondez par des recettes de cuisine ! Il y a le feu ! [il hurle] On fait Quoi !?

Silence. Je ne réponds pas. Philippe hurle dans son combiné :

– On fait venir Pébereau.

Michel Pébereau est le patron de la BNP Paribas. Je baisse le son de la connexion *bluetooth* de la voiture.

– S'il n'y a pas d'augmentation de capital, pas de fonds qui investissent rapidement sous forme d'obligations convertibles, alors oui, il faut s'adosser et le meilleur projet industriel est évident, je l'ai toujours dit, c'est BNP Paribas.

– Merci Hugues, bonne journée.

Philippe raccroche.

Il a amené les mots qu'il voulait entendre. Ceux qui partageaient son coup de fil sur haut-parleur m'ont entendu dire que je n'étais pas hostile à ce rapprochement. Où est Philippe ? Avec qui ? Il ne croit pas à l'augmentation de capital. Il doit vraiment paniquer car c'est lui qui était le plus hostile au rapprochement avec BNP Paribas, six mois auparavant. Il poussait l'idée d'un mariage transalpin, cherchait à satelliser Daniel en lui proposant, dans ce *deal*, un poste de président non exécutif. En privilégiant l'adossement à BNP, il obtiendrait le même résultat : sortir Daniel. Les signes de sa désolidarisation sont de plus en plus nombreux. Les journalistes me rapportent certains de ses propos. Il passe peu de temps au bureau. Un an plus tard, j'aurai vent de ses relations avec notre premier concurrent. Un très haut responsable de BNP Paribas me le confiera lors d'un dîner chez des amis communs pendant les vacances de Noël 2008. Info ou intox ?

Je zappe sur Europe 1, le Premier ministre, François Fillon, calme le jeu :

– La responsabilité du gouvernement est de penser aux 160 000 salariés de la banque et à ses clients. À partir de l'enquête judiciaire, des mesures seront prises quant au renforcement des contrôles.

Il ne suit pas Nicolas Sarkozy en demandant la démission de Daniel. Il sait que nous devons trouver 5 milliards et que le seul à avoir la confiance totale des investisseurs depuis dix ans, c'est Daniel. Il le flinguera quand l'argent sera rentré.

Je me gare sous la tour, prends l'ascenseur, entre dans mon bureau, salue Claudine, mon assistante, qui me remet les mails de la nuit. En haut de la pile, celui du secrétaire général sur les suites du supposé délit d'initié : « l'Autorité des marchés financiers fait valoir que ses services ont été informés des ventes de titres dans les délais. » Cette information ne sera reprise que dans quelques médias. Mais personne ne précisera que l'administrateur en cause est la 754e fortune mondiale, dont les actions Société Générale proviennent de la cession sept ans auparavant d'une société de gestion californienne. Ce « milliardaire » a donné ses titres à des fondations pour la recherche médicale, qui les vendent chaque mois à la même période pour financer leurs programmes. Parler de délit d'initié supposé fait un titre au 20 heures, alors que l'information était simplement qu'un administrateur avait vendu des titres la semaine précédant la découverte de la fraude. Dire que les cessions ont été faites dans les règles et à travers des fondations n'émeut pas les ménagères. TF1 s'en balance et n'en dit mot : son objet consiste à aller dans le sens de l'opinion. Deux ans plus tard, un non-lieu sera prononcé.

8 h 30

Daniel est dans son bureau, effondré devant la presse, très marqué par les déclarations de Nicolas Sarkozy. Je le salue, il est absent. Je sors.

13 : 00

Je me rends dans un restaurant proche de l'Étoile. Je déjeune avec le rédacteur en chef du *Figaro*. Je marche lentement sur l'esplanade de La Défense pour rejoindre la ligne n° 1 du métro, station Grande-Arche. Je suis fatigué par les dix jours que je viens de passer. L'hiver est doux et humide, les couleurs grises devraient me saper encore le moral, mais je dévore des yeux la vie qui défile autour de moi. Je m'étonne de voir des gens normaux discuter entre eux, évoquer leurs projets, entrer dans les bistrots, s'engouffrer dans les centres commerciaux, rire, avancer par paires. Une impression bizarre m'envahit. Je viens de sortir d'outre-tombe. Les dix jours de tunnel que je viens de non-vivre se révèlent à moi comme une claque en pleine figure. Les rayons de soleil qui transpercent les nuages m'éblouissent. La quantité de stress subie, insoutenable alors que j'envisageais la faillite de la banque, la dose d'agression médiatique, professionnelle, amicale et familiale à laquelle j'ai fait face dans les rares moments de non-crise, l'épuisement des nuits blanches répétées, m'ont mis dans un état physique et moral déplorable.

Ce simple trajet à pied me fait réaliser que je n'ai pas vu la lumière du jour depuis l'appel de Daniel, le dimanche 20 janvier. J'ai effectué la totalité des trajets au milieu de la nuit. J'ai passé mes journées dans les salles climatisées des étages de la tour. Il se passe autre chose que cette foutue affaire Kerviel sur cette terre. Cela me rassure.

J'attrape en passant un gratuit logé dans son box, *Matin Plus*. La une ne parle pas de la banque, mais de la victoire de Tiger Woods à San Diego. C'est son 62e titre. Je souris et me dis que j'aurais aimé être en Californie pour admirer l'excellence du champion. J'arrive sur ce quai de bout de ligne, la rame est arrêtée, presque vide. Je passe devant le premier wagon et observe mon reflet sur les vitres. Mes yeux sont cernés, je suis pâle et mon visage marque des traits sévères. Je n'aime pas mon image et me dis que, le week-end prochain, je ferai un jogging. Et puis je jouerai avec les enfants, j'emmènerai Caroline au restaurant et je reprendrai le cours de ma vie. J'entre dans le second wagon et ouvre le journal. Jérôme m'attend page onze : « Il voulait être un trader d'exception. Après deux jours de garde à vue, l'ex-trader a été mis en examen par deux juges d'instruction mais laissé en liberté contre l'avis du Parquet de Paris. […] Par ailleurs, des actionnaires de la banque ont annoncé le dépôt d'une nouvelle plainte pour "délit d'initié". Elle vise un administrateur de la banque, qui aurait vendu pour 85,7 millions d'euros d'actions de la banque le 9 janvier, quelques jours avant la chute des cours. »

– Et merde.

Je ferme le journal et les yeux. J'appuie ma tête contre la vitre du wagon et compte les stations. Je descends à Franklin-Roosevelt et remonte les Champs-Élysées. Je m'arrête devant un kiosque et achète *Le Monde*, le seul quotidien du soir français, dont la diffusion nationale commence ici dès treize heures, six jours par semaine. Rien d'encourageant. Je rejoins le restaurant, regarde les fruits de mer, les citrons coupés, et les plateaux d'huîtres en préparation devant l'entrée, je hume cette odeur de Bretagne et pousse la porte à petits carreaux pour me diriger vers l'hôtesse.

– Monsieur Le Bret, je vous accompagne à votre table, me dit-elle, avant d'ajouter tout bas : Dites donc, vous en avez fait un drôle de bouc émissaire du Jérôme Kerviel, et pourtant, il a dû en faire gagner des milliards à la banque avec tout ce qu'il faisait.

– Nous avons simplement décrit ce qui s'est passé tels que nos auditeurs l'ont vérifié. Nous n'avons pas cité une seule fois son nom. C'est la presse anglaise qui a révélé son identité. Il nous a fait perdre beaucoup d'argent.

– Mais quand il gagnait, vous le laissiez faire ?

– Dès que nous avons repéré la fraude, nous l'avons

mis à pied. Il a commencé par perdre 2 milliards, début 2007. On ne voyait pas ce qu'il faisait parce qu'il masquait ses positions.

– Voyons, Monsieur Le Bret, masquer 50 milliards, voyons… Vous prenez un verre de chablis ?

– Un sancerre, dis-je, las.

Le serveur m'apporte le blanc avec une écuelle de petites grises.

– Hé, M'sieur Le Bret, s'il reste quelques miettes des cinquante milliards, j'veux bien en ramasser quelques-unes…

– J'y penserai.

J'attrape une crevette, joins la queue et la tête entre le pouce et l'index et croque son corps entier sans la décortiquer. Je lâche les deux extrêmes restés collés à mes doigts dans le cendrier, j'attrape mon verre et avale une gorgée. Je mâche longuement l'ensemble. Le journaliste me rejoint.

– Ça me fait plaisir de te voir vivant, m'annonce-t-il mi-hâbleur.

– Ne sois pas faux-cul. Tu veux un verre ?

– Tu as pris quoi ?

– Sancerre.

– La même chose.

Il s'assied, prend ses aises. Je le connais depuis vingt ans. Nous avons commencé le même métier, en même temps. J'ai été journaliste trois ans, au début de ma carrière. Lui est resté et a grimpé. Il occupe maintenant un des plus beaux postes de la place. Je suis ensuite passé par la publicité et la création d'entreprise avant de rejoindre mon ex-client, Daniel.

– Tu n'as pas dû te marrer ces derniers temps.

– Je m'en serais passé. On en prend plein la figure. Le pire, c'est que ce sont les conseillers de clientèle dans les agences qui se font engueuler par leurs clients à longueur de journée alors qu'ils n'y sont absolument pour rien.

– Pourquoi ?

– Parce que cette histoire est incompréhensible pour le grand public, les chiffres sont astronomiques. Nous représentons ce qu'il y a de pire : la finance folle, la spéculation, les hauts salaires, les stock-options, le CAC 40, l'impunité, l'arrogance, les inspecteurs des Finances, les puissants, les parachutes dorés : tout ce que les gens rejettent, même si nous n'avons pas tous des parachutes dorés et que nous embauchons 5 000 personnes par an, en France. En face, un jeune assez mignon qui a une tête d'ange et sort d'un village de province. Ses parents sont artisans. Nous incarnons la mondialisation et le chômage. Il représente le mérite et la volonté de percer.

– Tu vois bien qu'ils y sont pour quelque chose.

– La banque de détail ? Leur métier, c'est le prêt immobilier, le crédit à la consommation, le compte sur livret et la carte bleue. Paradoxalement, les grands clients, les *hedge funds*, les investisseurs, ceux qui connaissent bien leurs interlocuteurs de notre banque d'affaires, les félicitent de leur gestion de la crise, alors que c'est arrivé dans leur branche.

– Et toi ?

– Moi, je me fais engueuler par tous ceux que je rencontre : journalistes, investisseurs, collègues, mais aussi la famille, les amis… C'est pénible.

– C'est normal, cinq milliards, c'est impardonnable.

– Je suis d'accord. C'est d'autant plus difficile que nous pensons tous la même chose. Cela n'aurait jamais dû se passer. Les gars de la banque d'investissement ont certainement été laxistes, mais quand même, il faut un sacré fraudeur pour faire un truc pareil !

– Et des systèmes de contrôles inexistants.

– Ils existaient, la preuve les alertes ont fonctionné et c'en est une qui l'a coincé. Seulement une alerte, c'est une question posée, et le trader mentait, dissimulait, produisait des faux. Il l'a avoué, et c'est factuel.

– Ne me fais pas l'article, je connais votre version et nous nous sommes procuré les procès-verbaux de la police : il a tout avoué en garde à vue.

– Mais alors, pourquoi vous y allez comme ça ? Tu ne nous arranges pas non plus : qu'est-ce qui vous prend de cogner à ce point ?

– C'est ce que veut l'opinion.

– Ton métier c'est l'information ou le marketing ?

– Les deux. Tu sais, on a fait samedi l'interview de Daniel ?

– Oui, j'étais là et alors ?

– On a fait 25 % de ventes en plus dans les kiosques. Ça passionne les Français.

– Plus 25 % ? Ce n'est pas arrivé depuis quand ?

– Depuis très longtemps, la mort de Jean-Paul II, je crois. C'était une grosse surprise. Alors, on s'est dit que lundi on allait donner la parole à la partie adverse et on a interviewé l'avocat du trader. Pareil, plus 25 %.

– Mais elle ne raconte que des conneries. Le coup du « rideau de fumée pour masquer des pertes liées aux *subprimes* », ça ne tient pas deux secondes, cette histoire de Sapeur Camembert. On aurait fait un trou pour boucher un trou !? Tout ce que l'on annonce est audité, vérifié par des commissaires aux comptes indépendants… Cela nous engage vis-à-vis des autorités de place et de marché. On ne peut pas publier de conneries.

– Le coup du bouc émissaire, c'est excellent.

Il se marre.

– Tu sais très bien que nous avons cherché à le préserver et avons refusé de donner son identité…

– Oui, mais l'opinion adhère à cette thèse. Le garçon est sympathique…

– Sympathique ??? Tu te fous de moi ?

– Il a une belle gueule, une belle histoire… Il ne s'est pas enrichi personnellement…

– Quand on réclame un bonus de 600 000 euros, alors qu'on a eu dix fois moins l'année d'avant, on ne cherche pas à s'enrichir ?

– Et puis, il y a toutes ces affaires périphériques.

– Oui, le ventilateur à caca est allumé : tous ceux qui ont un compte à régler avec leur banque ont une audience médiatique toute trouvée : on prend dix merdes dans la gueule toutes les heures.

– Et maintenant, le président de la République.

– Le peuple a élu Nicolas Sarkozy pour voir son pouvoir d'achat augmenter. Il baisse. L'opinion est choquée par notre affaire, un sondage le montre, et le Président s'engouffre dans la brèche.

– Tu vois, c'est un beau feuilleton, on vend des paquets de journaux.

– Tu ne cherches pas la vérité ?

– Mon métier, c'est l'information. Sur ton cas, il y en a plein, chaque jour.

– Ce ne sont pas des infos. Les dépêches, il y en a globalement 6 000 par jour, les reprises radio et presse, il y en a 600. Au 20 heures, il y en a 15. Dans cet entonnoir des actualités quotidiennes, votre tri, ce n'est pas l'info, c'est l'émotion et la capacité à créer des feuilletons. Les meurtres, les viols, les casses, c'est plus vendeur que le déficit budgétaire de la France qui vient de sortir et que vous n'avez mis qu'en page 22 : 38 milliards d'euros cette année.

– Ce n'est pas une nouvelle, c'est tous les ans la même chose.

– Je vois qu'on est mal barrés. Je n'ai plus qu'une solution, fermer le robinet pour éteindre les rebondissements du feuilleton. Tu fais ta une sur quoi demain ?

– Devine ? me dit-il avec un sourire d'excuse.

– Enfoiré ! Garçon, deux cafés.

– La prochaine fois, c'est moi qui t'invite.

– Avec toutes les ventes que vous faites en ce moment, tu peux, mais je ne viendrai que si on parle d'autre chose.

Alors que les observateurs externes se focalisent sur les négligences et responsabilités de la banque, sans attendre les résultats des enquêtes en cours, la Générale se concentre sur l'essentiel, ses collaborateurs. Au milieu de cet incendie médiatique où Jérôme fait la une des journaux de Lima à Tokyo et de Los Angeles à Moscou, nous mettons en place une communication directe entre Daniel et les collaborateurs de la banque. Ils ne doivent pas craquer. Un tchat est organisé pour permettre aux équipes en Asie et aux États-Unis de poser leurs questions en direct à Daniel : 38 000 personnes se connectent. Elles soutiennent la direction :

– Allez, la Société Générale. Courage, Monsieur. Nous sommes à vos côtés. La Société Générale est notre maison, nous ne la laisserons pas tomber. Nous sommes fiers d'être Société Générale.

Je fais publier sur la toile la totalité du tchat. Il sera repris dans son intégralité sur les sites de quelques quotidiens.

Le procureur de Paris explique : « Ce qui ressort des mots de Jérôme, c'est qu'il n'a pas agi pour son profit direct et personnel. Il a agi comme un trader, dépassant certes les autorisations, mais pas pour spolier la banque par des opérations frauduleuses. (…) Il espérait apparaître comme un trader d'exception, un anticipateur de marchés. » Les avocats du trader se chargent de la suite : « D'autres traders de la banque avaient agi de la même manière que lui en termes de dépassement d'autorisation. »

Sur la toile, Jérôme est devenu la coqueluche des internautes, en l'espace de quelques jours. Son histoire alimente les conversations, son « exploit » fascine. On retrace son parcours professionnel avec un début modeste et une promotion, après quatre ans, comme trader. Une phrase issue de sa garde à vue circule : « J'étais bien moins considéré que les autres [traders] au regard de mes études universitaires. »

Mais dans la vraie vie, le trader reste invisible malgré la traque que lui livre la presse du monde entier. Dans son village natal, son ancien professeur de judo se rappelle d'un jeune garçon calme, posé, serein. À Lyon, où il a étudié, ses professeurs le décrivent comme un élève pas exceptionnel, mais bon. Un ancien trader témoigne : « on se croît maître du monde ». Par téléphone, sa tante le dépeint comme honnête. Ses collègues le trouvent discret, voire secret.

Parallèlement à cette charge médiatique tendant à banaliser les agissements du trader et à charger la banque aux systèmes de contrôle défaillants, la polémique médiatique sur le départ de Daniel enfle. Toutes les télévisions ouvrent sur le sujet. Les audiences sont énormes. Le pays veut voir des têtes tomber. Personne ne s'intéresse aux dizaines de milliers de collaborateurs, aux millions de clients de la banque. C'est le capitalisme qui est remis en cause, ses patrons surrémunérés, la spéculation, la finance folle, le pouvoir de l'argent. Quant à Jérôme, c'est le citoyen moyen dans lequel tout le monde se retrouve, face au système dont il est la victime.

23 h 00

Daniel m'appelle :

– Nous sommes en train de détruire beaucoup de valeur. Les collaborateurs se font insulter par les clients toute la journée. Dites-moi, au fond de vous : dois-je démissionner ?

Comme tout le monde, j'avais réfléchi à cette question. Cela n'aurait pas réglé les problèmes de court terme. Mais cela nous ferait perdre du temps et ruinerait le projet d'augmentation de capital. Je lui réponds directement :

– Oui… Mais pas maintenant, pas comme ça !

Je sens un soulagement au bout du fil, je poursuis :

– Nous sommes au cœur de la crise. Notre problème financier n'est pas réglé, la vague médiatique continue d'enfler, ce n'est pas le moment.

– C'est quand le moment ?

– On ne démissionne pas au milieu d'un combat, on le gère, puis on assume ses responsabilités. Un, nous ramenons ces foutus cinq milliards dans la caisse. Il y a encore énormément de boulot avant d'avoir bouclé cette augmentation de capital. Si vous partez, les investisseurs institutionnels ne viendront pas. Ils vous font confiance. En dix ans, vous ne les avez jamais baladés. Deux, le business tient à peu près convenablement, les deux seuls endroits qui souffrent sont l'Asie où tout s'est arrêté en attendant l'avis des autorités – elles rajoutent une dose de favoritisme domestique – et la banque de détail, en France. Il ne faut pas que ça dure, mais nous ne sommes pas à la minute près. Sinon, ailleurs, avec les grands comptes européens et américains, en

Europe de l'Est, dans les services financiers, tout va bien : soit ils nous estiment pour la qualité de gestion d'une crise qui aurait pu survenir ailleurs, soit cela leur passe au-dessus de la tête. Pas d'urgence de ce côté-là. Trois, l'interne est encore derrière vous, il se bat pour sortir ensemble de ce merdier. Donc, nous avons un peu de temps.

– Quand ?

– Levons les fonds, affrontons l'assemblée générale des actionnaires en mai, ce sera encore une étape rude, puis démissionnez cet été, après les résultats semestriels. Sortez la tête haute, après avoir tout réglé !

– Merci, je vais y réfléchir.

30 janvier 2008

« Conseil à haut risque pour le P.-D.G. de la Générale » titrent les journaux, dont aucun ne sait que l'ordre du jour ne prévoit pas de débat sur la direction de la banque, le sujet ayant été tranché le 23 janvier. Mais l'attention du public est focalisée sur cette question existentielle attisée par le chef de l'État : Daniel va-t-il être démissionné de ses fonctions comme l'exigent tous ceux qui ont un vrai sens des « responsabilités » ?

La réunion du conseil d'administration a lieu dans la tour de La Défense. Les camions des télévisions stationnent sur le trottoir, où une centaine de journalistes, micros tendus, attendent. En arrivant dans la tour, les collaborateurs, ballottés par les médias depuis sept jours, décident de dire ce qu'ils ont dans les tripes. Les syndicats, inquiets de l'avenir de la banque, veulent que l'augmentation de capital soit réussie. Les salariés de la banque quittent leur bureau et envahissent rapidement l'esplanade de La Défense. Ils ont bricolé des logos sur leur ordinateur et ont imprimé des affiches improvisées. Ils sont plus de 4 000, venus dire qu'ils en ont marre de ce trader, qu'ils sont des gens normaux, qui travaillaient comme tout le monde et que leur banque reste en état de marche, que leur motivation est intacte. Les images de cette foule, reprises sur toutes les télévisions, montrent qu'il ne s'agit pas du combat du méchant Daniel contre le gentil Jérôme, mais de 160 000 salariés pour leur emploi !

Les syndicats s'en mêlent : « un P.-D.G. venu de l'extérieur aurait pour mission de liquider la Société Générale. » « Les salariés sont inquiets, ils n'ont pas envie de passer à la casserole. » Une salariée déclare notamment qu'avant de s'exprimer, le président de la République aurait dû « attendre la fin de l'enquête de l'AMF, de la Commission bancaire et celle de la justice ». D'autres s'expriment : « Ce n'est pas l'affaire des politiques. » Plusieurs salariés parlent de Daniel : « Nous sommes là pour soutenir notre Président, pour ne pas qu'il démissionne », « On sait de quoi il est capable, j'ai confiance. » Sur Jérôme, ils disent : « Il n'a pensé qu'à lui. Il aurait dû penser aux autres. »

Je grimpe au 35ᵉ pour relire le communiqué post-conseil d'administration. Aucune ligne n'est prévue sur le maintien de Daniel. J'interroge les administrateurs sur le sujet, ils me confirment que le sujet n'a pas été abordé et que donc, il ne figure pas au procès-verbal. Je pousse le comité des nominations à faire une déclaration officielle devant les médias sur le sujet. Le président de ce comité relit mon projet et le corrige : « Dès le début de cette crise, Daniel a pris ses responsabilités et a démissionné. Le conseil d'administration a, lui aussi, pris ses responsabilités et l'a maintenu dans ses fonctions pour gérer la crise. » Je tente de le corriger :

– Deux fois le mot responsabilités, c'est agressif vis-à-vis de Sarkozy, qui a employé le même vocabulaire, mais pour un effet recherché inverse.

– C'est exact, mais c'est moi qui décide.

– Vraiment, je vous le conseille, lissez votre propos.

– Je suis administrateur indépendant, je suis libre.

– Pensez à ne pas mettre le président de la République en porte-à-faux trop directement.

Il descend devant les journalistes et lit son communiqué, à la virgule près : Daniel est maintenu dans ses fonctions par le conseil d'administration de la banque, à l'unanimité ! Le délégué du syndicat le plus représentatif des salariés commente à son tour : « La tentative de déstabilisation de notre président n'a pas réussi : Société Générale fait bloc derrière son P.-D.G. » Un autre partenaire social renchérit : « Il est le plus apte à mener la recapitalisation. »

Dans l'après-midi, le président de l'Autorité des marchés financiers (AMF) a estimé que Daniel avait « bien agi » dans la gestion de la crise. Les soupçons de délit d'initiés se font moins pressants. Le procureur de Paris indique que le parquet de Paris n'ouvrira pas d'enquête pénale pour « délit d'initiés » dans cette affaire.

Ainsi se retourne provisoirement la situation. Le rapport de force va et vient.

Pourtant d'autres problèmes s'annoncent, une dépêche AFP tombe, quelques heures après : « Selon un administrateur indépendant anonyme, le conseil d'administration de la Société Générale aurait abordé le sujet d'un rapprochement amical avec BNP. » Je m'adresse immédiatement au secrétaire général, qui dément formellement que le sujet ait été abordé. Je rappelle à mon tour l'AFP, qui met du temps à publier mon démenti. Je relance encore l'agence de presse, qui me dit vérifier le point. Je ne comprends pas. Un démenti d'un directeur de la communication, c'est béton comme info. J'insiste, mais ne voyant pas la nouvelle arriver, je démens sur Reuters. La dépêche AFP suit, quinze minutes plus tard. Je monte au 35ᵉ.

Daniel me demande :

– Qui a pu faire fuir cette info ?

Je comprends que le sujet a effectivement été abordé. Je viens de me faire manipuler par le secrétaire général, ce que Daniel n'a jamais fait. J'apprendrai plus tard que Philippe débriefait régulièrement une poignée de journalistes sur les sujets abordés en conseil.

Nous avions avec Daniel Bouton un mode de fonctionnement totalement transparent, en toute confiance. C'était un de mes préalables, avant de le rejoindre en 1999. Il m'avait dit : « Un directeur de la communication, soit on a 100 % confiance et on lui dit tout, soit on le vire. » Daniel ne m'a jamais menti. Je n'ai jamais dévoilé un secret. Si, presque trois ans après cette affaire invraisemblable, je retranscris certains dialogues liés à la crise ainsi que de nombreuses informations, c'est parce que cette affaire extraordinaire vient d'entrer dans l'Histoire à l'issue du procès. Je me focalise sur ce qui touche l'affaire Kerviel et ne déborde sur aucun autre sujet stratégique abordé en comité exécutif ou concernant des personnes encore en poste.

TEMPS III

Les fauves

31 janvier 2008

La dépêche tombe le matin :

– BNP Paribas « réfléchit à une offre d'achat sur la Société Générale ».

Quelques minutes plus tard, le site Internet des *Échos* précise que BNP travaille activement sur le sujet depuis une semaine et s'est entourée de banquiers-conseils, « selon une source proche ».

En langage décodé, cela signifie qu'un porte-parole de la banque a confirmé l'information *off the record*. L'article ajoute que « le président de BNP s'est rendu à l'Élysée récemment où il a été reçu sur le sujet par le secrétaire général et le conseiller économique. »

Tout le monde sait que la BNP Paribas a un dossier permanent sur la Société Générale depuis l'offensive ratée de 1999 et qu'à la moindre occasion, ils tenteront le passage à l'acte. La fenêtre de tir est inespérée : la banque n'a jamais été aussi déstabilisée. La réputation de la direction est en miettes, la valorisation de la banque en Bourse a plongé, les clients s'interrogent, les salariés sont atteints. Cerise sur le gâteau, Michel Pébereau, le président de BNP Paribas est proche de l'Élysée. Il a parfaitement mené une mission officielle sur la dette publique. C'était avant la crise, le constat était déjà accablant pour ceux qui nous gouvernent depuis 1973. En février 2007, Pébereau a été nommé par Bercy administrateur d'EADS, la première entreprise de défense française. Les municipales sont dans trois mois et à l'approche des échéances politiques, les gouvernements sont toujours à l'affût de coups politiques.

Mon sang ne fait qu'un tour en lisant la dépêche. Nous devons bloquer la machine avant qu'elle ne s'emballe. Quand elle sera lancée, avec l'aval de l'Élysée, ce sera extrêmement difficile de l'enrayer. Neuf ans plus tôt, j'ai payé pour voir. Nous avions alors échappé de justesse à l'OPA, après six mois de bataille féroce. Aujourd'hui, la banque a un genou à terre. Compte tenu du rapport de forces, nous n'avons ni l'énergie ni le crédit pour engager un tel combat. Nos forces sont considérablement amoindries. Derrière la façade, le moral est au plus bas et beaucoup, je le sens, sont prêts à jeter les gants à la première offensive.

Cependant, les élections municipales seront chaudes. Je vois que les sondages sont mauvais pour l'UMP. Les partenaires sociaux de la banque sont contre cette opération qui détruirait des emplois. La manifestation de soutien à Daniel a surpris l'opinion. C'est la carte que je vais jouer : 8 000 emplois sont en jeu et seront sacrifiés à l'aune des « synergies » et « économies d'échelle » d'une fusion éventuelle. Le thème sera de nature à mobiliser les syndicats et les diverses amicales de salariés. Nous pourrons ensemble solliciter les parlementaires (députés et sénateurs) pour que les salariés et les clients leur fassent part de leurs craintes pour l'emploi, la disparition d'agences, etc. La semaine suivante, les réunions des groupes UMP et PS constitueront la caisse de résonance de ces inquiétudes, avec interpellation des ministres, questions d'actualité, etc.

Parallèlement, si Bercy, Matignon et l'Élysée

reçoivent chacun quelques centaines de lettres, cela les fera réfléchir à deux fois : le précédent de 2006 sur la réforme des services locaux des douanes avait été un cas d'école. J'ai toujours été surpris de la sensibilité des dirigeants face à quelques courriers. À partir d'un certain nombre, ils considèrent que le phénomène est massif et que toute la France s'en émeut. Ce nombre est compris entre 500 et 1 000. C'est assez facile à coordonner, ne serait-ce qu'avec les familles et amis de quelques salariés. Cette stratégie « France d'en bas » est sommaire, mais elle peut être redoutablement efficace et contrebalancer un lobbying « France d'en haut » où Michel Pébereau risque d'exceller.

Mais tout cela est long à mettre en place.

Je n'ai que quelques heures pour réagir. Si je ne fonce pas, nous sommes cuits. BNP Paribas a une fenêtre, moi aussi, mais elle est plus courte : il faut y aller tout de suite. J'arrête d'évaluer le pour et le contre, je me lance. Je décide de me jeter à l'eau seul. Si je lui parle de mon initiative, Daniel refusera de me suivre. C'est un homme façonné par l'administration et le service de l'État. Il ne cherche jamais à créer un rapport de force avec les politiques.

J'appelle un visiteur du soir de l'Élysée, que je vois régulièrement. Je lui dis que nous devons nous voir rapidement, parce que j'ai « quelque chose de très important » à lui dire.

Il me demande de l'inviter à déjeuner chez Laurent. Le restaurant est proche de l'Élysée. Il apprécie les endroits chics, ceux où le gratin se montre. Il aime être reconnu par les hôtesses d'accueil, serveurs et autres chefs de cuisine des grands restaurants parisiens. L'ancien pavillon de chasse de Louis XIV propose une carte de Joël Robuchon. Lorsque j'arrive, il est déjà assis et sirote un verre de blanc, il me dit, très fier : « Regarde, il y a tout le CAC 40 ». Je ne lui dis pas que je m'en tamponne, mais je le pense très fort.

Sa conversation m'emmerde, je bouillonne, mais je l'écoute avec une attention forcée, sans montrer mon agacement. Après la demi-heure de prologue et les quarante-cinq minutes de bavardage sur les potins politiques parisiens (histoire de montrer que nous sommes, l'un et l'autre, du bon côté de *l'off the record*), un homard entier en salade (93 €, je m'étrangle) et un saint-pierre cuit doucement dans un beurre d'algues « purgatorio » aux cristes-marines et couteaux à l'huile de ciboulette (65 €), je décide d'aborder le vrai sujet. Je tente un gros coup de bluff. Je plante mon regard dans le sien, prends une posture très sévère et fermée, et lui dis avec calme et détermination :

– Je fais installer des banderoles et trompettes dans toutes les salles de coffres des 2 200 agences de la banque, dans 700 villes de France. J'ai 160 000 collaborateurs remontés comme des pendules, prêts à sortir dans la rue si l'OPA pointe son nez. Les partenaires sociaux sont mobilisés contre ce projet et toute la gauche avec. Si l'Élysée ne bloque pas immédiatement ce putain de projet de rapprochement, j'allume la mèche à 15 jours des municipales. Tu me dis si tu veux que je lève le pied… Sinon, voilà ce que j'attends.

Je déroule mon plan en quelques phrases, répétées intérieurement depuis le matin. Les mots sont articulés. Ils claquent. Il s'étrangle, bouge sur son fauteuil nerveusement, commence à se lever, aperçoit son verre plein, s'assied à nouveau, l'attrape, le vide d'un trait et écourte notre déjeuner. Il court à l'Élysée.

Je reste quelques minutes planté seul devant cette

table vide. Je n'ai pas le courage de finir mon poisson dont chaque bouchée vaut de l'or.

Le résultat tombe en début d'après-midi, je le découvre au bureau sur l'AFP :

14 h 54. Le porte-parole de l'Élysée déclare qu'un rachat de la Société Générale « n'est pas d'actualité ». Et il ajoute la phrase que j'avais glissée à mon interlocuteur, en guise de gage :

– À notre connaissance, la Société Générale n'est pas contrainte de s'adosser.

Une heure plus tard, BNP recule, par la bouche de son propre porte-parole :

– On réfléchit tout simplement parce que toute l'Europe réfléchit.

La concomitance des deux communiqués me conforte dans mon analyse : l'orchestration de ce rapprochement est bien pilotée par l'Élysée. Mais les mots « toute l'Europe y réfléchit » ne sont pas neutres. Ils annoncent la reculade temporaire, mais en même temps le terrain où l'attaque suivante se prépare. La rumeur d'un prédateur étranger arrivera vite, comme cela avait été le cas lorsque Axa avait avalé l'UAP en 1996, ou lorsque BNP avait tenté de croquer la Générale en 1999. Cette phrase signifie aussi : « nous ne serons pas des agresseurs, mais les sauveurs de la banque pour qu'elle reste sous pavillon français. » Je sais que dans quelques jours ils feront partir la rumeur que nous sommes en discussion avec des étrangers. Mais le répit est là. Pour l'instant, les médias s'accordent à penser que le projet d'OPA est reporté.

J'ai gagné deux semaines. Jusqu'aux municipales. Le temps, c'est ce dont nous avons besoin. L'augmentation de capital doit réussir et, pour cette opération, la banque a besoin de Daniel.

Ma satisfaction est de courte durée.

Le soir, lors du comité de coordination de la crise, la liste des couleuvres à avaler continue de s'allonger. Le business est mou en France et atone en Asie. Le régulateur américain veut voir Daniel. Le FSA anglais demande un audit complet des filiales à Londres. Cinq autres dirigeants de la banque vont être auditionnés par le juge. La commission des finances du Sénat convoque Daniel à une audition publique. Le gouverneur de la Banque de France prévient que son rapport sera extrêmement sévère. Une association d'actionnaires minoritaires demande une nouvelle enquête à l'AMF. Des fonds vautours écrivent des lettres d'injures.

Mais le pire est ailleurs. Il tombe dans la soirée. Les commissaires aux comptes ne garantissent pas la signature des comptes consolidés. Cette nouvelle est dramatique.

Impossible dans ces conditions de procéder à l'augmentation de capital. L'opération est garantie par JPM et Morgan Stanley seulement si de nombreuses vérifications et validations sont effectives. Ce sont les fameuses *due diligences* réalisées avec les avocats d'affaire. Elles bloquent sur de nombreux points : comptabilité, fiscalité, évolution de l'affaire judiciaire. Toute donnée nouvelle peut les amener à se retirer.

Plusieurs points de désaccord restent à trancher. Tout le monde cherche à se couvrir juridiquement. Tactiquement, les deux banques d'affaires en profitent aussi pour tenter de réévaluer leurs commissions. Au total, elles s'élèveront à 140 millions d'euros ! C'est le prix à payer pour trouver 5,5 milliards et garantir le placement. Cela signifie que si les investisseurs ne sont pas au rendez-vous, les deux banques américaines avanceront la différence entre les 5,5 milliards et ce que les marchés auront accepté d'apporter.

Cette incertitude ajoute un stress énorme. Rien ne se passe comme prévu. L'ambiance redevient glauque. Je retrouve les visages fermés du 20 janvier. Plusieurs dirigeants ne croient plus au projet d'augmentation de capital. Beaucoup sont découragés. Si l'augmentation de capital est annulée, la banque devra s'adosser dans l'urgence, de manière dramatique. Il est trop tard pour les fonds souverains. Ce sera la bérézina.

Daniel ne baisse pas les bras et décide de poursuivre le processus. Il fait front, obstiné.

1er février 2008

Les mauvaises surprises continuent. Lors du *road show* de Frédéric Oudéa à Francfort, les investisseurs lui réservent un accueil très spécial. Les hôtesses ne le laissent pas entrer. Les gérants descendent dans le hall et lui signifient simplement :

– Nous voulions vous dire dans les yeux que nous sortons du capital.

Il était venu pour les convaincre de souscrire à la levée de fonds. Ils ajoutent :

– Au revoir.

Cette dernière phrase est dite en français. Ils refusent de lui serrer la main. C'est humiliant. Frédéric perd une journée précieuse pour rien.

En France, les mauvaises nouvelles s'enchaînent.

Le nombre de candidatures arrivées sur les sites de recrutement interne a été divisé par quatre en dix jours ! Des médecins sont recrutés dans chaque ville pour accompagner les chargés de clientèle en agences. Les incivilités se multiplient. Ils dépriment. Voilà dix jours qu'ils se font insulter par les clients. Cela devient très pénible.

Les collaborateurs de la banque le supportent d'autant plus mal que la fraude ne s'est pas passée chez eux, mais dans la banque d'investissement, là où les bonus sont énormes. Dans la banque de détail, la lutte contre la fraude est extrêmement développée, les manipulations d'espèces sont courantes. Les ficelles du métier de contrôleur se sont perfectionnées chaque année. Cela rend l'incompréhension plus grande encore. Il faut des efforts surhumains pour conserver un niveau de cohésion interne convenable. Les managers de la banque de détail passent leur vie sur le terrain à remobiliser les troupes. Un *conference call* avec les directeurs régionaux se tient tous les matins à 7 h 30. Une demi-heure plus tard, ces derniers font de même avec les directeurs de groupes qui, à leur tour, mobilisent leurs 80 directeurs d'agences, puis sillonnent la France, rencontrent les équipes et les entreprises clientes. Chaque matin, le point est fait sur la base des éléments que nous fournissons lors de la réunion de coordination de crise, la veille au soir. Ainsi, nous arrivons à toucher les 10 millions de clients de la banque en France. S'ajoutent les mails, les lettres, les informations sur nos sites Internet où trois millions de clients se connectent chaque mois. Le dispositif est efficace, mais la durée de la tempête commence à atténuer sérieusement son efficacité.

Les plateformes téléphoniques des centres d'appel sont saturées, les téléconseillers sont débordés. Ils passent des journées exécrables.

14 h 00

Je sens la pression qui bat dans mes artères. J'ai mal aux bras et derrière les tempes. Mon humeur est changeante. Je contrôle moins mes émotions. Je deviens euphorique quand une toute petite bonne nouvelle arrive et, en parallèle, j'ai de gros coups de blues à contretemps. Je dors toujours aussi mal. J'ai perdu 7 kg, je flotte dans mes costumes, je dois fermer ma ceinture deux crans plus serrée. Je suis très fatigué.

Je croise un responsable de la banque à l'étranger que je n'ai pas vu depuis longtemps, nous nous saluons. Je surprends son regard sur moi. Il a un temps de recul. Il me dévisage avec surprise comme lorsque l'on rentre dans la chambre d'un malade dont les traits se sont altérés. Je réalise que je ne vais pas tenir longtemps et décide d'aller voir le médecin au second étage de la tour. C'est Martine qui avait raccompagné le fraudeur le 19 janvier, dans la nuit. Je ne lui pose pas de questions sur ce sujet, je sais qu'elle ne me dirait rien. Elle me demande si j'ai déjeuné. Je lui dis que non. Elle poursuit :

– Qu'avez-vous pris au petit déjeuner ?

Je réfléchis, cherche, retrace mon parcours de la journée et lui réponds :

– Rien.

– Qu'avez-vous bu depuis ce matin ?

Je cherche, sans trouver :

– Rien.

Elle prend ma tension. Le cadran affiche 17. Elle me donne un demi-Temesta, me prescrit des somnifères pour la nuit et des petites pilules brunes antistress à base de plantes : « Vous pouvez les prendre par trois, plusieurs fois par jour, dès que vous avez un nœud au ventre. » Puis elle me dit :

– Vous auriez dû venir beaucoup plus tôt, les autres membres du Comex sont suivis depuis le début.

– Je pensais ne pas en avoir besoin.

– J'aurais dû vous convoquer, comme eux, mais vous êtes plus jeune et me sembliez moins exposé…

Elle m'allonge sur un lit de l'infirmerie, pose sa main sur mon ventre, me détend en me parlant de sa propre vie, de ses hauts et de ses bas. Je pense à autre chose. Le calmant fait son effet. Je dors deux heures.

19 h 00

Daniel est à New York pour voir le régulateur et expliquer la fraude à ses propriétaires américains, fonds de pension, assureurs, investisseurs et autres gestionnaires institutionnels. Il m'appelle :

– Comment est la presse aujourd'hui ?

– Les merdes continuent de voler en escadrille. Nous n'avons pas beaucoup de supporters.

– *Paris Match ?*

– L'interview est bonne, nous l'avions relue, mais les photos sont catastrophiques. Le journal a été imprimé avant le conseil d'administration, mais après la charge de Nicolas. En ouverture du dossier, vous tordez le nez, l'air catastrophé, la tête dans les deux mains, sur une double page. Une autre vous montre de dos, courbé vers la sortie. Celle de l'équipe qui gère la crise tous ensemble est toute petite.

– Pourquoi ont-ils fait cela ?

– Ils s'attendaient à ce que vous soyez viré au moment où ils imprimaient. Par ailleurs, *Match* subit encore la colère de Sarko après la photo de son ex-femme et de son amant à New York, publiée en première page. Maintenant, ils ont le petit doigt sur la couture du pantalon.

– Quoi d'autre ?

– Nous avons fait hier la une de tous les hebdomadaires. *Le Point* explique que la thèse du franc-tireur isolé arrange bien l'état-major et n'élimine pas le doute. Empêtrée dans la crise des *subprimes*, la

Société Générale aurait trouvé un parfait bouc émissaire. *Le Point* souligne qu'en tant que P.-D.G. vous n'êtes coupable de rien, mais que vous êtes d'ores et déjà condamné. Trop riche, trop arrogant, donneur de leçons, vous êtes l'homme que la France veut voir payer pour le scandale en cours. Le journaliste explique que votre plus grande faute est sans doute d'avoir annoncé que vous renonciez à votre bonus et à votre salaire jusque fin juin. Vous auriez dû être licencié pour faute grave.

– Le salaire, c'est l'idée des banquiers d'affaires pour accroître les chances de succès de l'augmentation de capital. Les investisseurs anglo-saxons tiennent à cette mesure. C'est même l'unique raison pour laquelle certains acceptent de me recevoir ici. Rappelez aux journalistes que nous cherchons à lever 5 milliards sur les marchés en trois semaines à peine !

– Je sais. *Le Nouvel Observateur* consacre huit pages à l'affaire et titre en une : « L'homme qui fait trembler les banques – Un coupable trop parfait ? » Je résume : Réputée invulnérable, la Société Générale, dirigée par la poigne de fer de Bouton, a accumulé au fil des ans tous les ingrédients d'un scandale mondial : arrogance des dirigeants, inefficacité des contrôles, autisme et rapacité des traders, voire complicité. À votre propos, ils parlent de « la chute d'un symbole », dont tout le parcours n'a été qu'une suite de succès scolaires, puis professionnels. La banque a vu sa valeur baisser de moitié en huit mois de crise boursière et fait aujourd'hui figure de proie. De quoi regretter de n'avoir pas choisi lui-même une association avec un autre européen lorsqu'il était en position de force, comme son numéro deux, Philippe, l'y poussait…

– Pourquoi le journal parle-t-il de Philippe ?

– Parce que c'est ce qu'il leur a dit en mai 2007 !

Challenges concentre le tir sur vous. Pendant que tous les banquiers français travaillent, vous seriez au golf. Concernant la fraude de Jérôme, votre responsabilité serait également engagée. Sans compter le soupçon de délit d'initié.

– Le golf ! Je n'arrive plus à y jouer qu'une fois par mois depuis des années : d'où vient cette connerie ?

– De l'interview de Philippe dans *Le Point* en juin 2006, il évoquait la répartition des rôles entre vous deux : lui tenait la boutique et vous jouiez au golf.

– Je l'avais pris au second degré.

– Pas eux. Dans sa rubrique « Confidentiel », *Challenges* indique que si Nicolas Sarkozy s'intéresse autant à la Société Générale, c'est aussi parce qu'il en est client depuis toujours…

– C'est vrai.

– *L'Express* est le seul hebdo à ne pas mettre l'affaire de la Société Générale en une.

– C'est déjà ça. Et du côté de la BNP ?

– Vous avez vu leur communiqué hier, suite à celui de l'Élysée.

– Oui.

– Mais la pression ne descend pas, en *off*, ils continuent d'irriguer la presse : *Le Monde* annonce que BNP Paribas réfléchit toujours à une offre d'achat de la Société Générale. Le sujet aurait été abordé lors d'une réunion, le 25 janvier, entre Michel Pébereau et le secrétaire général de l'Élysée, mais le journal souligne qu'« aucune discussion formelle n'a eu lieu à ce jour entre BNP Paribas et le président de la République, au sujet de l'éventualité d'un rapprochement ».

– Ça ne m'étonne pas. Michel Pébereau passe son temps avec les politiques.

– La presse souligne qu'il s'agit d'un « scénario

idéal » pour BNP : « La Société Générale vaut désormais moitié moins que BNP Paribas en Bourse. Le gouvernement est désireux de faire en sorte que la Société générale reste française et de voir ainsi sauvegardés ses emplois. »

– N'importe quoi, nous sommes bénéficiaires et nos activités sont solides. Il s'agit d'une fraude ! Quant à la valeur, BNP a simplement rattrapé le retard pris depuis 1999.

– C'est pour ça qu'ils doivent se dépêcher ! La journaliste souligne les aspects positifs de cette hypothèse, qui « fait sens » selon elle : « [...] les équipes de BNP Paribas considèrent que l'intégration de la banque ne se traduirait pas par le "bain de sang social" fréquemment décrit [...] en termes de concurrence, la taille des deux réseaux additionnés (environ 5 100 agences) resterait trois fois inférieure à celle de l'ensemble formé par le Crédit Agricole et LCL. [...] S'agissant des réseaux internationaux, l'analyse est aussi positive. Elle offrirait au nouveau groupe une forte position dans les pays du Maghreb et en Europe de l'Est ».

– Ces cons-là disaient l'inverse en juin quand la rumeur d'une OPA de Société Générale sur BNP Paribas était sortie.

– Je continue ! Là, c'est l'AFP : « L'État plutôt favorable à cette issue » : plusieurs voix se sont élevées ces derniers jours pour souligner que la Société Générale devait rester française. Cela renforce la crédibilité d'un rapprochement avec BNP Paribas, qui éviterait à l'une des principales banques françaises de passer sous pavillon étranger, tout en créant un champion national qui se hisserait à la deuxième place européenne. Aujourd'hui, le conseiller économique de l'Élysée a réaffirmé que "l'État ne restera pas les bras croisés et indifférent à ce qui peut affecter le sort de la Société Générale. On ne laissera pas à la merci de n'importe quel prédateur cette entreprise".

– C'est cousu de fil blanc. La rumeur de l'étranger aux portes c'est parfait ! Le loup devient aussitôt un saint-bernard.

– Bruxelles a rappelé hier au gouvernement français son devoir de neutralité en cas d'OPA. Le président de l'Eurogroupe, s'interroge : « Si quelqu'un vient, d'amical, ayant un beau projet économique à proposer, pourquoi le refuser ? Seulement parce qu'il n'est pas français ? » Selon lui, cette attitude « n'est plus de notre temps ». Ce à quoi l'Élysée a répliqué que « l'État interviendra s'il le juge nécessaire », arguant que la France ferait ce que « tous les gouvernements d'Europe » feraient en cas d'« attaque » sur leur système bancaire.

– Et les autres quotidiens ?

– *Les Échos* titrent : « La résistance de Société Générale fait hésiter BNP Paribas. » Ils auraient choisi pour les épauler deux banques-conseils dont Goldman. Du côté de BNP Paribas, on assure que les deux réseaux seraient maintenus et qu'il n'y aurait aucun licenciement. L'interventionnisme du chef de l'État est mal perçu : « C'est au conseil d'administration de la banque de dire ce qui est bon ou non pour l'entreprise. »

– Quoi d'autre ?

– D'après *Les Échos*, le Crédit Agricole réfléchit également à une offre sur la Société Générale, la banque viendrait de demander à deux banques-conseils de l'épauler pour étudier le dossier. Dans son édito, *La Tribune* juge que la Société Générale est touchée mais pas coulée. L'adossement ou la fusion ne sont pas les seules options disponibles. L'attachement des salariés de la Société Générale à leur entreprise est manifeste. « Ils sont vent debout contre le risque d'OPA hostile », note le quotidien. C'est la seule touche d'optimisme dans tout ce bazar.

– C'est tout ?

– Non, selon une enquête OpinionWay, les Français soulignent à une forte majorité la responsabilité du P.-D.G. de la Société Générale, exonérant ainsi Jérôme Kerviel. 50 % des personnes interrogées souhaitent votre départ, une volonté plus marquée à droite qu'à gauche. Mais ils ne précisent pas que le sondage a été fait sur Internet et sur un échantillon de 600 personnes, non représentatif... Les sondeurs m'ont toujours dit : « Dis-moi la réponse que tu souhaites et je te dirai quelles questions poser. »

– Et côté judiciaire ?

– Lors de la fouille à corps de Jérôme Kerviel, la brigade financière a trouvé, dans la poche du trader, deux cartes de visite professionnelles de salariés de BNP Paribas. Le procès-verbal en fait foi. Ces cartes de visite, libellées en anglais, appartiennent à deux hauts responsables de la banque : le chef du négoce des produits financiers cotés et le chef, pour le monde, de la stratégie d'investissement en gestion quantitative.

– Ce sont des postes élevés pour un si petit trader.

– Un représentant du parquet de Paris s'est exprimé à la télévision. Selon lui, il est « trop tôt » pour savoir si Jérôme a bénéficié de « complicités », rappelant que la banque était « victime » dans cette affaire. « La complicité nécessite un acte positif, cela veut dire que pour être complice il faut avoir cautionné des faux », a-t-il expliqué. « On est loin d'en être là. » Un « axe d'enquête central [est] de savoir dans quelles conditions les systèmes de contrôle ont fonctionné ou n'ont pas fonctionné », a-t-il ajouté. Selon lui, les juges d'instruction saisis de l'enquête devraient être amenés à vous interroger. Par ailleurs, l'appel du parquet contre le maintien en liberté de Jérôme sera examiné par la cour d'appel de Paris, le 8 février.

– Qu'est-ce que ça change ?

– Chaque fois que l'on fait la une du journal télévisé, des clients ferment leurs comptes ou gèlent des opérations en cours. Nos conseillers se font engueuler. Ils dépriment. Par ailleurs, Jérôme est présenté comme « héros de notre temps ». Il est devenu « une icône planétaire », un « Che Guevara de la finance », et même « un Ben Laden de la Bourse ». Notre intérêt est d'étouffer progressivement cette surmédiatisation. S'il va en prison, vis-à-vis de l'opinion, il sera coupable, et le feuilleton s'arrêtera un moment. Nous en avons besoin. En dix jours, nous avons cassé le moral des salariés, réduit l'activité, créé de l'incertitude. Plus cela dure, plus nous aurons de mal à rebondir.

– Pourquoi m'avez-vous envoyé sur France 2 avant-hier soir ?

– Vous deviez parler à vos collaborateurs directement, dans les yeux, et dire que la banque avait les moyens de continuer. Vous deviez dire aux clients, dans les yeux aussi, que cela ne changeait rien pour eux. L'objectif a été atteint. Vous étiez rassurant. Vous avez pris le téléspectateur à témoin. La chaîne nous a aidés. Elle a diffusé des images de « salariés qui volaient à votre secours » et d'autres « qui vaquaient paisiblement à leurs occupations ». C'était indispensable. Nos concurrents sont des vautours et les politiques jettent de l'huile sur le feu. C'était à nous de rassurer et d'éviter tout phénomène de panique. Vous deviez monter en première ligne, même si cela accroît la médiatisation.

– Que fait Philippe ?

– Je ne sais pas, il ne voit personne en interne. Son agenda est vide. Il est peu présent au bureau, sauf la nuit.

Je raccroche. Passer ce genre de coup de fil n'est pas agréable. Daniel est loin, il a besoin de toutes ses forces pour convaincre. Mais je ne peux pas l'enfermer dans un cocon. Il doit tout savoir, de manière cash, sans filtre.

3 février 2008

Je consacre la matinée de dimanche à ma famille, et, même si j'ai du mal à penser à autre chose, je prépare le déjeuner avec mes filles. Je rejoins mon bureau de La Défense en début d'après-midi pour réfléchir et écrire. Je veux être prêt pour le comité de pilotage de la crise en fin d'après-midi. J'ai toujours eu besoin d'écrire pour analyser, digérer et comprendre les événements. Je ravive ainsi ma mémoire, reconnecte les faits entre eux, me documente et construis petit à petit une vision plus claire des situations et des corrélations entre les événements.

On frappe à mon bureau. C'est Séverin. L'augmentation de capital s'enclenche mal : comme Jérôme Kerviel a été laissé en liberté, l'idée de culpabilité de la banque revient au premier plan, ce qui est source d'inquiétude pour les investisseurs. Par ailleurs, les commissaires aux comptes ne sont pas sûrs de pouvoir valider les comptes de l'année. Ils ne sont pas d'accord avec Bercy et avec l'Autorité des marchés financiers sur la comptabilisation de la perte et ses impacts fiscaux. L'AMF est un vrai obstacle.

Je lui dis :

– Tu sais que deux représentants de BNP siègent au collège de l'AMF : l'un de ses administrateurs et l'un de ses collaborateurs.

– Non ? Et les autres membres du collège sont nommés comment ?

– Par les politiques !

– Merde.

– Sans accord de l'AMF, pas de visa sur la note d'opération.

– Pas de visa, pas d'augmentation de capital.

– Pas d'augmentation de capital, pas d'avenir…

4 février 2008

Lundi. Comité exécutif. Daniel est de retour. Il nous débriefe à propos de ses visites aux investisseurs de New York et de Boston. Le management de la Société Générale se trouvait systématiquement face à une cinquantaine d'interlocuteurs par institution, dont leurs directeurs des opérations et directeurs des risques, qui cherchaient à éviter qu'une chose pareille puisse se reproduire chez eux. Du *one on one* prévu au départ, ils sont passés au *one to few*, puis *one to many.* Son débit est encore plus lent que d'habitude. Il cherche parfois ses mots. Il manque d'assurance :

– Nous avons passé 50 % de notre temps sur la fraude. On en aura pour plusieurs mois. Le sujet des *subprimes* a pris 25 % du temps. Cela fait 75 % en défensif. Le reste, c'était sur le redémarrage des activités et les éventuels rapprochements.

– Que pensent-ils des rumeurs de fusion ?

– Ils nous disent : « Ne bradez pas la banque. » Là-dessus, je suis très ferme, c'est inopportun à ce prix.

– Ils vont souscrire à l'augmentation de capital ?

– Ils s'interrogent sur la rentabilité future de la banque d'investissement, mais comprennent que la fraude ne provient pas de nos modèles mathématiques. Ils savent que Jérôme travaillait dans l'activité la plus basique de la périphérie de nos activités. Leurs questions portent sur la maîtrise des coûts. Sur ces sujets, nous sommes suspectés d'un laxisme généralisé qui est à l'origine de la dissimulation. Nous allons devoir changer nos comportements, notre organisation, notre philosophie. Nous sommes trop camarades et pas assez procédures. Nous allons devoir augmenter nos coûts en développant une culture de contrôle extrêmement poussée. Cela réduira aussi nos revenus, le temps de la mise en place des nouveaux modes opératoires. Dans ces conditions, les deux tiers devraient souscrire, notamment compte tenu du prix, les autres vendront leurs droits de souscription.

– Ils vous demandent de partir ?

– Certains oui, reconnaît Daniel avec difficulté, mais la plupart se demandent si le système américain de démission immédiate est intelligent. Six mois après le début de la crise, qui a coûté des dizaines de milliards à Citigroup, ils n'ont toujours pas vu le nouveau CEO, ce dernier n'a toujours pas tout compris de ses activités, et sa banque continue de s'effondrer.

Je remarque un certain détachement, une forme de lassitude. Sa combativité semble s'évaporer. Il patine un peu.

5 février 2008

La dépêche AFP tombe. Jérôme, tout frais rasé, chemise blanche à carreaux fins, col ouvert, jean cool, pose, souriant, pour l'agence de presse nationale et déclare : « Je ne serai pas le bouc émissaire de la Société Générale. » Les photos sont prises par un photographe de l'agence. Détendu, accompagné de son avocate, il adopte les attitudes répétées avec son conseil en communication tombé du ciel.

Il s'appelle Christophe Reille, j'en connais la réputation. Il est de tous les coups : ses clients paient cher ses prestations. Il intervient souvent en pompier volant au secours de grands patrons mis en cause par la justice. Christophe est très proche d'une des agences de relations presse les plus efficaces de Paris, qui s'appelle DGM. Sa femme et lui ont travaillé au cabinet de Gérard Longuet, un ancien de « la bande à Léo », ces libéraux qui ont eu le vent en poupe à droite pendant les années Mitterrand. Aujourd'hui président du groupe UMP au Sénat, Longuet a été ministre de l'Industrie, entre 1993 et 1994. Son conseil en communication de l'époque est le principal associé de DGM. Les anciens de son cabinet se réunissent régulièrement pour un dîner de commémoration.

Gérard Longuet est aussi le beau-frère du principal client de l'agence DGM, Vincent Bolloré, « *le petit prince du cash flow* », le chef d'entreprise qui a offert son jet et son bateau à Nicolas Sarkozy pour une semaine de vacances après son élection, dans les baies de l'île de Malte, façon showbiz, Ray-Ban et paparazzis. DGM compte enfin parmi ses clients, LVMH, le n° 1 du luxe français. C'est la maison d'édition de Christophe (les éditions du Carquois) qui a édité un livre assassin contre François Pinault, l'ennemi juré et principal concurrent de Bernard Arnault.

Je sais que le directeur de la communication de BNP Paribas, Antoine Sire, a aussi été formé dans cette agence. Je sais surtout que DGM a toujours épaulé

Claude Bébéar, l'ancien patron d'Axa, dans tous ses coups d'éclat. Outre ses fonctions honorifiques chez Axa, Bébéar est membre du conseil d'administration de quelques grandes entreprises, dont BNP Paribas. Il est président de l'Institut Montaigne qui regroupe nombre d'intellectuels, d'hommes politiques et du monde des affaires, de chercheurs, d'universitaires, de rédacteurs en chef, d'artistes et de tout ce qui représente « l'opinion » en France ou du moins ceux qui prétendent la faire.

Proche de la droite très libérale (toujours le même creuset), Claude Bébéar a acquis sa stature de commandeur depuis qu'il a été le premier à avaler l'UAP douze ans plus tôt, en s'inspirant des techniques à la hussarde de Wall Street. Cette opération en a fait « le » précurseur de tous les coups des années suivantes. Il a ouvert la voie à Vincent Bolloré, Bernard Arnault et Michel Pébereau, les trois parrains du capitalisme français, qui ont acquis leur place tout en haut de la puissance en passant avec Claude Bébéar des négociations feutrées, façon Ve République, aux rings des OPA, façon Wall Street. Ses méthodes sont rugueuses. Elles ont encore renforcé son image de conquérant. Épaules larges, mâchoire prépondérante, yeux bleu profond, il a un physique de pêcheur breton, un homme solide aux mains calleuses. Claude Bébéar a un visage d'ange et un cerveau de *business killer*.

Je me souviens de mes premiers contacts avec DGM et l'équipe de Claude Bébéar. En 1996, j'ai travaillé avec eux. J'ai participé, en tant que publicitaire, à la préparation de l'OPA sur UAP dans les locaux d'Axa. J'étais chargé de préparer la communication pour les actionnaires, tandis que DGM se concentrait sur la presse. Nous avions commencé à travailler trois semaines avant l'offensive, dans le plus grand secret. Lorsque tout a été prêt, Bébéar a pris rendez-vous à l'Élysée, puis il est allé voir Jacques Friedman, le patron de l'UAP. C'était la veille d'un week-end prolongé par un jour férié : « Je lancerai l'OPA mardi : vous avez trois jours pour me dire si elle est amicale ou hostile ! » La technique du couteau sous la gorge.

J'ai vu alors le rôle de DGM dans la déstabilisation et la destruction de réputation du patron de l'UAP. L'agence avait concentré ses efforts sur son management, évidemment déficient, son incapacité à prendre des décisions, son allure de technocrate et ses performances désastreuses. DGM avait préparé des argumentaires accumulant les comparaisons désobligeantes avec ses pairs, en masquant systématiquement les bons points, en biaisant les comparaisons de cours de Bourse (en jouant sur des périodes différentes pour trouver la plus défavorable), etc. Pour ridiculiser leur cible, ils la surnommaient « poussin » en rigolant. Ils ont même réussi à faire croire aux médias que ce surnom était celui qui lui avait été donné par les salariés de l'UAP en interne !

Je connais aussi l'animosité de Claude Bébéar à l'égard de Daniel. Nous l'avons eu en face en 1999 quand il avait orchestré l'OPA de la BNP sur Paribas et la Société Générale. Je connais ses méthodes de l'intérieur. Tactiquement, avant d'attaquer pour tuer, Claude Bébéar commence par rencontrer ses proies lors de face-à-face très « amicaux ». Il s'arrange pour que la date et le lieu de la rencontre soient visibles. Côté pile, monsieur Hyde profite de ce moment d'approche pour observer le gibier naïf, acquérir sa confiance, le pousser à lui dévoiler ses faiblesses au fil de l'entrevue, sans s'en rendre compte. Aussitôt après, Claude Bébéar et DGM choisissent un point d'attaque et pilonnent. Pour Daniel Bouton, ils avaient choisi l'arrogance et le thème du cerveau supérieur, sujets à des dérapages incontrôlés. Les images fournies aux journalistes étaient toutes prêtes : « une formule 1 qui fait des sorties de route, une Ferrari avec des freins de 2 CV », etc. Le connaissant golfeur, ils le firent passer pour un dilettante. Claude Bébéar activa ensuite tous ses réseaux, plaçant au bon moment la petite phrase malveillante au hasard des conversations, tout en précisant bien qu'il s'agissait d'une confidence que son interlocuteur devait absolument garder pour lui…

Ainsi vont les rumeurs à Paris, se bâtissent et se détruisent les réputations.

Le système de Bébéar repose sur la culture de réseaux. Ceux-ci lui assurent la caisse de résonance : anciens des grandes écoles, clubs de réflexions fermés de chefs d'entreprise comme Entreprise et Cité ou le Club des 100, banquiers d'affaires et avocats qu'il garde en permanence à sa solde – autant de relais toujours bavards dans les dîners en ville et incapables de tenir leur langue. L'aréopage est complété de quelques grands journalistes qui apprécient les invitations dans son château de Sologne – aux jardins redessinés d'après des plans d'André Le Nôtre –, d'hommes politiques, d'économistes, de syndicalistes, d'attachés parlementaires, de membres de cabinets ministériels et « hauts potentiels » issus des horizons les plus divers, tous bluffés par son aura. Claude Bébéar alimente les plus belles pipelettes de Paris. Il utilise séparément et confidentiellement ses contacts, en activant avec finesse chacun de manière différente, pour faire courir les mêmes rumeurs : rencontres, repas, coups de fil et petites phrases faussement anodines.

L'hebdomadaire américain *The New Yorker* commence par une célèbre rubrique « Les nouvelles de la ville ». Paris est une petite ville de pouvoir, où trois ou quatre arrondissements (plus Neuilly) sont le bouillon de culture des élites, qui se brassent, se rencontrent, se côtoient, se reçoivent et se jalousent. Quand « les nouvelles de la ville » vont toutes dans le même sens, quand la rumeur, lancée à trois ou quatre points stratégiques, se propage et se nourrit d'elle-même, elle finit toujours par prendre. La convergence des sources rend l'information fabriquée de toutes pièces d'autant plus certaine que le lieu et la date de l'entrevue inaugurale sont avérés. Touche finale, ses cabinets de relations avec la presse confirment les fuites et les petites phrases assassines auprès des journalistes, mais jamais à découvert, toujours « off ».

Avec sa méthode, Claude Bébéar a déstabilisé ses adversaires dans l'assurance, mais bien au-delà. De manière étrange, il a fait couper les têtes qui ne lui revenaient pas dans des métiers très éloignés des siens, parce que leurs performances, à ses yeux, nuisaient à la réputation de la place financière de Paris ou qu'il fallait sauver leur entreprise des « prédateurs étrangers », souvent imaginaires.

La puissance de son système provient de sa force de conviction. Avec son regard bleu et sa poignée de main puissante, aucun de ses interlocuteurs n'ose mettre en doute les conversations qu'il rapporte ou les informations qu'il distille. Les petites phrases finissent par s'afficher dans les pages « Confidentiel » des médias. Il pousse le vice jusqu'à démentir les propos qui lui sont attribués, ce qui renforce l'impact et la crédibilité de la rumeur : le déni relance la machine. Ainsi se nourrit le feuilleton meurtrier, se dégradent les réputations de ses cibles, par touches répétées ou espacées. Salir, déconsidérer constituent les préliminaires de ses plans de chasse : tout le monde sait qu'il n'y a pas de fumée sans feu !

Michel Pébereau a vu les méthodes de Claude Bébéar en 1999 quand ce dernier lui avait tordu le bras pour lancer la double OPA sur Paribas et la Société Générale, dont une seule a réussi. Depuis, Pébereau tient à la perfection son nouveau rôle de parrain des affaires, celui qui distribue les bons et mauvais points de manière froide et réfléchie. À son tour, il crée et détruit les réputations, avec l'aide de son directeur de la communication, formé à l'école DGM.

Michel Pébereau est un grand commis de l'État, brillant, cartésien et cynique. Il complète les réseaux de Claude Bébéar avec les principaux clients de sa banque, les membres de l'Institut de l'entreprise, de l'Institut Aspen et naturellement ceux du Medef. Son cerveau est polytechnicien mais son cœur reste proche de l'inspection des Finances, dont il reçoit chaque année les nouveaux admis. Il en a recruté une trentaine dans sa banque, ce qui en fait le plus grand essaim de France. D'apparence, Michel Pébereau, c'est monsieur tout le monde : « Il est resté très simple. » Son style de vie a peu changé malgré le montant colossal de stock-options qu'il s'est fait attribuer depuis des années. De hauts dirigeants de BNP Paribas eux-mêmes ont été effarés lorsqu'ils ont découvert les montants accumulés, sans commune mesure avec ses adjoints. Michel Pébereau feint l'humilité. Il se qualifie lui-même de Français moyen, ce qu'il faut comprendre au cinquième degré. Il sait être mielleux. Il félicite systématiquement les journalistes à chaque sortie de livre, même le plus médiocre. Il sait flatter et faire rire… des autres. Physiquement, il ne dégage aucun charisme. Seul le timbre de sa voix, très grave, détonne. Son autorité vient de la qualité de ses analyses, de sa culture et de son intelligence, mais aussi de la distance qu'il sait créer avec chaque interlocuteur, le seul point commun qu'il ait avec Daniel, son cadet de huit ans.

Voilà pourquoi l'apparition de Christophe Reille, pompier « bénévole » de la communication de Jérôme Kerviel me rend paranoïaque. Je crois y voir la main du trio Claude Bébéar-DGM-Michel Pébereau, même si je suis incapable de prouver que c'est par eux qu'il arrive sur le dossier. Je dois imaginer les choses au pire, et ne pas miser sur le hasard. Je distingue dans sa présence la préparation du terrain pour l'OPA de la BNP : accentuer la déstabilisation de la Société Générale en transformant le fraudeur en victime. Et si Jérôme Kerviel est victime, c'est que la banque et son management sont coupables ! C.Q.F.D.

L'opération est un sans-faute. Le beau gosse Jérôme Kerviel passe en boucle sur toutes les télévisions et les sites Internet du monde entier : il pousse le culot jusqu'à se plaindre du « battage médiatique vraiment oppressant » ! Pourquoi donc en effet 5 milliards d'euros de pertes provoqueraient un tel émoi ? Il précise : « Je ne suis pas suicidaire ni dépressif », afin d'effacer le SMS qu'il avait envoyé le 19 janvier à ses chefs (« je préférerais me jeter sous le train que de revenir »). Il assure « ne jamais avoir eu d'ambition personnelle dans cette affaire. L'objet c'était de faire gagner de l'argent à la banque ».

Quelques minutes après la publication de la dépêche de l'AFP, je prends mon téléphone et appelle un de mes proches, rédacteur en chef d'un grand quotidien. Lui aussi est étonné de voir Christophe apparaître auprès d'un *rogue trader* sans argent ni relations. Il l'a connu lorsqu'il était journaliste au *Nouvel Économiste*. Cela ne lui ressemble pas. Il décide de passer un coup de fil à Christophe Reille. Après les échanges d'usage, il lui demande :

– Au fait, qu'est-ce que tu fous sur le dossier Kerviel, cela ne mène à rien.

– Je suis là par amis d'amis des avocats, lui répond mécaniquement Christophe.

– Qui te paye ? insiste-t-il.

– Je… je fais cela bénévolement… Il hésite.

– Pourquoi ?

– Tu comprends, Société Générale a mis quatre jours pour mettre la justice dans la boucle, c'est scandaleux, ils se foutent du monde.

– Arrête tes conneries, c'est quoi ton combat ?

– Il faut que Société Générale se fasse bouffer, ils n'ont aucune raison de rester indépendants. BNP doit les bouffer.

Il me rappelle et me raconte la conversation. Il est très échaudé.

– Ils s'appuient aussi sur Stéphane Fouks, d'Euro RSCG, leur agence officielle, ils n'y vont pas avec le dos de la cuillère. Stéphane est un de mes anciens collègues, je le connais bien : il définit les trois thèmes qui font mal, chaque jour, et ses sbires harcèlent la presse par téléphone, notes blanches, rencontres, avis d'experts : ce sont eux qui mettent les journalistes sur les failles des systèmes de contrôle en organisant des points téléphoniques avec leurs traders.

6 février 2008

Tard le soir, plusieurs journalistes me disent que Michel Pébereau est retourné à l'Élysée. Il se serait rendu chez Nicolas Sarkozy, directement cette fois. Je suis abattu.

Je m'effondre en vrac, l'air hagard dans le canapé de mon salon, les pieds sur la table basse. Ma fille de onze ans vient se blottir contre moi. Elle sort de son lit en chemise de nuit. Je l'embrasse. Elle porte encore la chaleur de sa couette. Je l'interroge :

– Tu ne dors pas ?

– Je n'y arrive pas.

– Pourquoi ?

– Tu rentres toujours très tard, je ne te vois jamais le matin, tu pars tous les week-ends…

– Bientôt, cela s'arrêtera et je serai là pour toi.

– C'est à cause de Jérôme Kerviel ?

– Oui.

– Mais à la télé, ils disent que c'est la banque qui a fait une bêtise ?

– Je sais, ils racontent l'histoire à leur manière, comme dans un roman, avec des nouveaux chapitres, des rebondissements et des personnages : le jeune homme perdu, le banquier très puissant, qui ne pense qu'à gagner plein d'argent et qui s'est servi de lui… Tu vois, comme dans un policier avec du suspense.

– Ils disent qu'il voulait faire gagner de l'argent à la banque.

– Il en a fait perdre beaucoup, tu sais.

– À la télé, ils disent que sa maman était coiffeuse et qu'il est gentil.

– Il peut être à la fois très dur avec ses collègues

ou même ses avocats et faire le doux à la télé. Tu sais, ce n'est pas parce qu'il a une tête d'ange qu'il est innocent.

– Papa, je n'arrive pas à dormir.

Finalement nous nous endormons, elle avec une histoire de banque, de coiffeuse, d'argent qui valse, de papa absent, et moi avec d'autres chimères, sans doute tout aussi irréelles.

8 février 2008

La chambre d'instruction de la cour d'appel de Paris ordonne le placement en détention de Jérôme Kerviel. J'apprends la nouvelle par texto en direct de l'audience qui se tient à huis clos, par l'un de nos avocats. Le fraudeur est transféré à la prison de la Santé. La cour souhaite protéger les investigations techniques à mener et éviter la concertation avec d'éventuels complices. Cette nouvelle ne me procure aucune joie, mais elle est médiatiquement très importante : elle montre à l'opinion que sa posture de victime est un leurre. Je pense que Kerviel aurait probablement évité l'incarcération s'il avait adopté une communication plus humble.

Mais l'esprit de la banque est ailleurs.

Les équipes de Frédéric Oudéa ont réussi à traiter tous les sujets techniques et financiers pendant la semaine, y passant leurs jours et leurs nuits. Les comptes sont validés, les aspects fiscaux aussi, avec l'aval de Bercy. Les inspecteurs de la banque n'ont rien relevé de plus depuis la publication de la note explicative. L'opération peut passer.

Philippe Citerne tente de dissuader Daniel de signer le projet de prospectus. Il le harcèle pendant plus de cinq heures pour souligner les risques et lui dire qu'il est impossible que l'opération passe. Les documents comporteraient trop d'engagements intenables. S'il signe, Daniel risque des poursuites pénales. Il tente de bloquer l'opération. Daniel paraphe toutefois le document, exaspéré par Philippe.

Le prospectus pour l'augmentation de capital a été envoyé à l'Autorité des marchés financiers, mais aucune réponse ne parvient.

Les heures passent.

Ils prennent le temps de tout vérifier. Tout se joue sur ce tampon. La signature de l'autorité de marché permet de démarcher les investisseurs, d'ouvrir le livre d'ordres et de commencer à compter l'argent frais qui doit renflouer les caisses de la banque. Sans ce Visa, le plan de survie de la banque tombe à l'eau et c'est soit l'adossement immédiat à BNP Paribas, soit la recherche désespérée de fonds souverains, dans les pays du Golfe. Cette dernière hypothèse est maintenant écartée. Elle n'aurait fonctionné que dans l'urgence de la première semaine. Si le Visa n'arrive pas, les fonds souverains auront maintenant aussi des doutes.

Nos banquiers-conseils sont très stressés.

Samedi 9 février 2008

L'opération de recapitalisation doit être lancée lundi. Le visa doit arriver dans la journée. Le soir, à 19 h 00, toujours aucune nouvelle, malgré les relances. On nous répond que c'est en cours. Les journalistes m'appellent pour savoir si nous avons le visa. Je les rassure sur le déroulement du processus, mais ne peux confirmer le visa.

Le stress monte encore.

Dimanche 10 février 2008

Rien le matin. Le sablier s'écoule très lentement. La journée est épouvantablement longue. Nous ne voyons rien venir.

Nous nous retrouvons avec Daniel vers 17 heures. Le visa n'arrive toujours pas. Le communiqué du lendemain matin avant Bourse sur l'augmentation de capital est prêt. Une partie de mes équipes de presse est sur place pour informer les journalistes dès que nous avons le visa et donner le calendrier et les conditions de souscription.

À 19 h 00, toujours rien. Nous attendons, tout est prêt. Daniel tourne en rond. Philippe est très tendu.

20 h 00. Je monte au 36e avec une attachée de presse pour dîner. Le buffet froid reste tous les soirs jusqu'à 23 heures pour les collaborateurs et les consultants qui travaillent sur l'opération. Les visages sont fermés. Les conversations s'orientent vers les plans de secours au cas où le visa n'arrive pas. Daniel vient s'asseoir avec nous. Il ne tient pas en place, repart vers son bureau. Il revient et échange des mots très durs avec Philippe. L'attachée de presse me demande si elle doit partir. Je lui dis que non, que tout le monde est très éprouvé. Le cirque dure jusqu'à 22 heures. L'ambiance est pourrie. Nous avons résisté à toutes les attaques politiques, médiatiques, financières, juridiques pour sauver la banque et son indépendance. Nous menons une guerre de tranchée depuis trois semaines et nous voilà tous penauds, cernés dans notre blockhaus, tributaires d'une signature, d'un tampon sur un prospectus…

22 h 05

L'adjoint du directeur financier arrive en courant, il crie : « J'ai le visa ! » Le soulagement est immense, nous lançons les opérations. Les *road shows* des semaines précédentes nous ont permis de prétester le marché, la banque a toujours été loyale et sincère depuis sa privatisation, ses performances ont été à la hauteur. La fraude est perçue comme un terrible accident opérationnel dont la banque est victime. Nous ne sommes pas inquiets sur l'accueil du marché.

C'est ce soir-là que nous savons que nous sommes sauvés.

C'est à partir de ce moment que la pression redescendra peu à peu. Nous avons réussi à prendre de vitesse la BNP, qui ne pourra plus justifier l'urgence de l'OPA.

Daniel est très fatigué. Il oublie de terminer certaines phrases. Il ne se rappelle pas de conversations que nous avons eues. Sa capacité d'analyse est flottante. Il passe de la déprime à l'euphorie. Je sais qu'il suit un traitement médical, qu'il prend des cachets pour le soutenir, mais je m'inquiète.

Désormais, nous avons moins besoin de lui. Je lui dis de prendre plusieurs jours de repos, de partir à la campagne, de penser à autre chose. Il me répond :

– Je ne peux pas.

– Pourquoi ?

– Je n'arrive pas à penser à autre chose, je n'arrive pas à dormir, je n'arrive pas à décompresser.

– Raison de plus.

– Vous ne savez pas tout, je mène beaucoup trop de fronts à la fois, internes et externes, je ne peux pas m'absenter.

– Vous devriez quand même y p…
– JE NE PEUX PAS, HUGUES !

13 février 2008

Nous annonçons l'acquisition de la ban… russe Rosbank à grand renfort de publicité, histoire de …ntrer notre confiance dans l'avenir. Elle sera suivie d'…plan média massif, jusqu'à la clôture de l'opération, mo…ant ainsi une forme de dynamisme retrouvée. Nous pou…ns enfin penser à l'avenir.

17 février 2008

Claude Bébéar pointe son nez dans le *New York Times*.

Il a attendu trois semaines avant de sortir du bois. Il sait qu'il faut savoir attendre, observer, construire une approche, comme lorsqu'il qu'il chasse un lion du Zimbabwe ou un wapiti du Wyoming. Il joue masqué et s'avance à pas feutrés, parfois pendant plusieurs jours. Il sait que plusieurs mouvements seront nécessaires avant d'abattre Daniel d'une seule balle. C'est tout en mesure qu'il fait sa première sortie médiatique sur le sujet. C'est un pion qu'il avance. Pour cette première phase, il se contente de souligner les problèmes. *« In France, the board does not fire a CEO as easily as in the U.S. » Claude Bébéar says. « We think the CEO is responsible, but to suddenly fire the CEO is not the best way to improve things. The CEO of a French company is more of a monarch than in the United States ».*

Il induit que dans un pays anglo-saxon, Daniel serait

viré sur-le-champ, mais ne le demande pas. Il crante l'idée.

Parallèlement, des notes blanches circulent sur les administrateurs de la Société Générale et leurs liens avec Daniel, ainsi que les détails de sa rémunération et de ses achats-ventes d'actions. En gros, Daniel aurait tout fait pour augmenter sans cesse ses émoluments. Le régime qu'il imposait à sa banque pour atteindre des bonus astronomiques et augmenter la valeur de ses stock-options lui faisait prendre des risques tels qu'ils pouvaient mettre en péril le système bancaire français… L'argumentaire est prêt. Il va servir, resservir jusqu'à la nausée.

Le second coup, Claude Bébéar le tire deux jours plus tard dans l'hebdomadaire *Challenges*. Il rejette tout départ précipité, mais pointe la responsabilité du P.-D.G. Parallèlement, dans les dîners en ville, ses réseaux le rouent de coups.

19 février 2008

Les équipes et agences de communication de BNP Paribas continuent de cogner sur la banque. Ils espèrent gâcher l'augmentation de capital, faire douter les investisseurs. Elles font circuler des notes aux journalistes et comparent leurs performances à celle de la Société Générale… y compris sur des activités non exercées par cette dernière ! Leurs méthodes sont tellement grossières que certains journalistes se retournent. Plusieurs m'en parlent.

Le jour même de la publication des résultats de BNP, le rédacteur en chef de La Tribune, celui qui avait interrogé Christophe, a le courage de publier un

article intitulé « La solidarité fait p…
à Paris. » Il ne le fait pas que par an… conspiration
que nous ayons débuté au même po… moi, bien
dans le même journal, mais parce que… ournaliste
lui, comme les autres rédactions, sont … uipes et
… érés par
un tel manque de finesse. Il écrit :

« À entendre les communicants de BN… ribas, il n'y a qu'à la Société Générale que parei… aude pouvait avoir lieu. "En France, nous considér… que le président-directeur général doit être tenu pou… s-ponsable, mais le débarquer précipitamment n'est … s forcément la meilleure façon de rétablir la situatio… En se laissant aller à cette petite confidence dans le… colonnes du New York Times, le jugement du président du conseil de surveillance d'Axa, qui, pour la rédaction du quotidien anglo-saxon, est désormais davantage "considéré comme un faiseur de roi que comme un roi lui-même", paraît sans appel pour le P.-D.G. de la Société Générale. En attendant, les communicants de BNP Paribas sont à la manœuvre. Tantôt pour calmer le jeu des rumeurs de marchés qui prêtent à la grande rivale de la Société Générale l'intention de profiter de la situation pour l'avaler toute crue. Tantôt pour savonner un peu plus la planche de Daniel et de son puissant état-major sérieusement affaibli. À les entendre, il n'y a qu'à la Société Générale qu'une fraude aussi incroyable pouvait avoir lieu. D'ailleurs pour en faire la démonstration, le service de communication prépare pour mars à destination des médias un "education event" sur les métiers de la banque, sur les actions et les produits dérivés. But de l'opération ? Faire œuvre de pédagogie auprès des journalistes chargés de couvrir les sujets bancaires en général et l'affaire Société Générale en particulier. À cette occasion il ne

serait p ant qu'on en arrive à leur démontrer que ce st passé chez le concurrent n'a aucun risque roduire chez eux. Une démonstration que le con n communication de Jérôme Kerviel, est tout c prêt à faire. Lui, qui affirme avoir pris en main intérêts du prévenu à la demande "d'amis des cats" de façon totalement désintéressée, ne cac pas que la beauté de son geste serait d'autant pl rande si, au bout du compte, la justice passait et Société Générale trépassait au profit de BNP P ibas. De là à penser qu'une conspiration se met place à Paris... »

Le même jour, lors de la conférence sur les résultats de sa banque, Baudouin Prot, le directeur général de BNP Paribas fait mine de rien. Devant un parterre de médias, il juge « complexe » la situation de la Société Générale et se refuse à tout commentaire sur un intérêt éventuel pour cette banque « pour ne pas alimenter le moulin à rumeurs ». Il n'attise pas le feu, lui, mais ses équipes s'en occupent. Il se garde de dire qu'il étudie le dossier, ce qui l'engagerait vis-à-vis de l'autorité des marchés. S'il répondait oui, il devrait lancer une offre. S'il disait non, il ne pourrait plus le faire pendant six mois !

Une journaliste interpelle Baudouin :

– Trouvez-vous normal de ne pas prendre de position précise alors que vos équipes de communication et leurs agences passent leur temps à dénigrer le management et les équipes de la Société Générale ?

– Je… Je… Je ne suis pas au courant…

20 février 2008

Le rapport d'étape du comité spécial du conseil d'administration est publié. Les administrateurs indépendants rendent compte. Les conclusions sont conformes à ce que nous avons dit depuis le début. Le rapport annonce qu'une « mission d'audit interne a été, dès le 24 janvier 2008, confiée à l'inspection générale de la banque. La Commission bancaire a diligenté une mission d'inspection, qui a commencé ses travaux le 25 janvier 2008. Une instruction a été ouverte le 28 janvier 2008 par les juges d'instruction Van Ruymbeke et Desset, qui ont confié l'enquête à la brigade financière de Paris. L'Autorité des marchés financiers a ouvert une enquête sur l'information financière et le marché du titre Société Générale. La ministre de l'Économie, des Finances et de l'Emploi a remis, le 4 février 2008, au Premier ministre un rapport sur ces événements ».

Il précise que le périmètre de la mission d'inspection a été revu et approuvé par le comité spécial, qui a chargé le cabinet Price Waterhouse Coopers d'en revoir les travaux. Quarante inspecteurs ont été mobilisés. Les conclusions de la mission d'audit interne confirment les principales caractéristiques de la fraude, telles qu'elles ont été présentées le 24 janvier 2008 par la direction de la Société Générale. L'auteur de la fraude est sorti du cadre de son activité normale d'arbitrage et a constitué des positions « directionnelles » réelles sur des marchés réglementés, en les masquant par des opérations fictives de sens contraire.

21 février 2008

BFM Radio. Philippe Citerne, le directeur général de la Société générale, est interrogé sur la publication des résultats annuels de sa banque. L'interview se tient le lendemain du conseil d'administration banal, qui a fait le point sur ce sujet ainsi que sur l'augmentation de capital en cours de lancement. Rien de plus, et notamment aucun sujet sur le management, dont il a déjà été dit maintes fois publiquement qu'il avait la confiance du conseil pour gérer et mettre en place la stratégie présentée au marché. J'ai enfin réussi à le faire sortir du bois, lui qui se cachait jusqu'alors des médias, laissant Daniel Bouton tout encaisser en pleine figure. C'est la première fois depuis presque un mois. Il sort après l'orage. Je compte sur lui pour rassurer les auditeurs sur la solidité de la banque et la pérennité de ses engagements. Il doit aussi montrer un management soudé autour de Daniel et une banque dont les collaborateurs sont plus que jamais motivés pour servir au mieux leurs clients.

– Le conseil d'administration annonce par la voix de Daniel qu'il est très soudé derrière son management ? interroge la journaliste.

– Heuuuu… Uii, rigole Philippe

La journaliste éclate de rire :

– Oui ?

Philippe se marre :

– Oui, oui.

– Excusez, c'était pas évident, reprend la journaliste.

– Non, non, mais…

– Voilà, hein, on peut le dire comme ça. Ce n'était pas évident !

– Je crois que je peux comprendre la question, mais vous avez la réponse, se racle la gorge Philippe.

– L'idée a pourtant été émise par Daniel lui-même, hein, que sa démission était sur la table et que ça pouvait être nécessaire pour tourner la page.

– Écoutez, je n'entrerai pas dans ces considérations, ni dans le secret de délibération d'un conseil d'administration.

J'éteins mon poste de radio, je suis effondré.

25 février 2008

Daniel est à Londres, il termine les *road shows* auprès de ses principaux propriétaires, les grands investisseurs institutionnels. Toutes ces caisses de retraites, compagnies d'assurance, gestionnaires d'actifs et autres institutions bancaires sont actionnaires de sa banque. Il leur demande pas moins de 5,5 milliards d'euros pour refaire le plein du réservoir siphonné par Jérôme Kerviel. L'exercice est aussi humiliant que difficile. Cela fait maintenant plus d'un mois qu'il est sous pression. Il prend sur lui. S'attache à rester d'égale humeur. Il reçoit les insultes de ses interlocuteurs avec respect et leur répond point après point sans faillir, sans arrogance, sur un ton pédagogue et volontairement monocorde.

Après la crainte de la faillite et la gestion millimétrée des premiers jours avec la Banque de France et l'ensemble des régulateurs mondiaux, les commissaires aux comptes, l'Autorité des marchés financiers, ses banquiers-conseils et ses services d'audit, il a affronté les agences de notation, les médias, l'opinion publique, Nicolas Sarkozy et ses voltigeurs. L'ensemble des autorités financières du monde a demandé des explications à la banque, en Chine, au Japon, en Corée du Sud, dans toute l'Europe et l'Amérique. Il a fait face avec pédagogie, humilité et respect à toutes les interrogations et engueulades. Il a pris la vindicte populaire en pleine figure. Partout, ses portraits ont été taillés à la hache.

Aujourd'hui, Daniel est épuisé. Chaque jour, en ouvrant le journal ou en allumant la télévision, il a vu sa tête défaite sous des titres accablants pour lui. Le manque de sommeil, l'accumulation de mauvaises nouvelles, les coups reçus, les voyages et les décalages horaires ont eu raison de son état physique. Il est laminé. Voilà plus d'un mois qu'il n'a pas pédalé sur son vélo d'appartement et qu'il n'a pas mis le pied sur un *fairway*. Il mange mal, des plateaux repas minables, avalés au pas de charge. Pas d'alcool, incompatible avec calmants et somnifères.

22 h 00

Daniel est assis sur son lit d'hôtel, le regard vide. Il a ôté ses souliers, enlevé sa cravate, qui est tombée sur la moquette. Il n'a pas eu la force de la ramasser. Sa veste est sur le fauteuil. Ses dossiers mal rangés. Son emploi du temps du lendemain, froissé dans sa poche. Il attrape son mobile, tente de l'allumer, mais il est aussi déchargé que lui. Il prend alors le combiné de sa chambre, compose le 9 pour sortir, et tape mon numéro, comme chaque soir. Sa voix est sombre, elle manque de vigueur, les silences sont longs :

– Désolé de vous appeler si tard…

Il s'arrête pour reprendre son souffle, soupire :

– J'ai raté le créneau habituel de 19 heures… Comment… Comment est la presse aujourd'hui ?

Je ne l'ai jamais entendu si faiblement, je serre

le combiné contre mon oreille et laisse passer des silences qui me paraissent éternels avant de meubler la conversation : je lui détaille les questions de la journée, présente mes anticipations d'articles pour le lendemain, fais un tour des sujets de communication interne, le débriefe sur l'ambiance parisienne. Contrairement à son habitude, Daniel ne me coupe pas, il me laisse défiler mes notes. Je m'arrête :

– Et nos investisseurs ?

– Aujourd'hui, ils ont été gentils…

– Gentils ???

– Oui… peu de questions…

– Pas de nouveaux angles, pas d'inquiétudes ?

– Je… je ne sais plus…

Je m'étrangle en ligne. Je pense à un gag… Mais ce n'est pas le genre de Daniel. Je marque une pose, prend une voix douce et interroge le président :

– Et vous Daniel, comment allez-vous ?

– Je vais b… bien…

– Vous êtes sûr ?

– Dites aux journalistes que je suis en pleine forme…

– Daniel, vous vous sentez comment ?

– Je… je vais manger mon plateau-repas dans ma chambre… Et puis je vais avaler mes petites pilules…

– ???

– Pour faire un gros dodo…

– ?!?

– Demain je serai en pleine forme…

– Bonne nuit, Daniel…

– Dites leur bien : Je… suis…

Il prend le temps d'avaler sa salive, marque une pause et termine sa phrase :

– en… pleine… forme.

Il raccroche. Je reste en ligne, scotché à l'appareil

quelques secondes. Je dois me rendre à l'évidence : Daniel a pris tellement de coups sur la tête, si longtemps, avec un tel niveau de stress, qu'il a pété une durite.

Je compose immédiatement le numéro de Frédéric et je vais aux nouvelles :

– Que se passe-t-il ?

– Daniel n'est plus en état, il tient des propos incohérents, on ne peut plus le mettre en face des investisseurs.

– Et le *road show* ?

– On continue en trio avec Jean-Pierre.

– Ça s'est vu ?

– Oui et non : on ne lui laisse faire que l'introduction, très brève, et on prend toutes les questions.

– Cela remet en cause le succès de l'augmentation de capital ?

– Je ne pense pas, ils ont bien compris tous les aspects de la fraude, ils savent que c'est un événement *one shot*. Pour eux, c'est du passé. Ils souscriront sur la base de l'*equity story*, et notre stratégie passe bien.

– Et Daniel, vous ne le laissez pas seul à Londres ?

– Il prend l'Eurostar demain matin.

26 février 2008

Au plus bas dans les sondages, Nicolas Sarkozy a choisi d'affronter les lecteurs du *Parisien – Aujourd'hui en France*, le premier quotidien français et le plus populaire. Il profite de cet article pour agiter le chiffon rouge du capitalisme immoral. Il charge les patrons voyous, promet le plein emploi dans les aciéries françaises. Sans même que la question lui soit posée, il charge Daniel, afin de dénoncer la spéculation et l'argent fou :

– « Je ne comprends pas non plus l'affaire de la

Société Générale : quand le président d'une entreprise connaît un sinistre de cette ampleur et qu'il n'en tire pas les conclusions, ce n'est pas normal. Que quelqu'un gagne 7 millions d'euros par an ne me choque pas. À une condition : c'est qu'il en assume la responsabilité. C'est tout le problème avec Daniel Bouton. Je n'ai rien contre lui. Mais on ne peut pas dire : "Je vais être payé 7 millions par an" et, quand il y a un problème dire : "C'est pas moi". Ça non, je ne l'accepte pas. »

Le soir, la rumeur que j'attendais arrive :

(Tradingsat.com) – Sous pression depuis l'ouverture de la souscription –

« Depuis l'augmentation de capital de 5,5 milliards d'euros le 21 février, l'action Société Générale se réveille. Elle bondit de 4 % à 67,50 euros, en tête du palmarès des plus fortes progressions du CAC 40 mardi après-midi. Le retour de la spéculation sur une offre d'un concurrent est à l'origine de ce soudain regain d'intérêt des investisseurs. Les rumeurs viennent d'Espagne où la presse évoque une sorte de "deal" passé entre Madrid et Paris. Le quotidien espagnol Expansion formule l'hypothèse que l'autorisation accordée par la Banque d'Espagne au Crédit Agricole de porter sa participation de 16 % à 24,99 % aurait pour contrepartie de permettre à un établissement ibérique de déposer une offre sur Société Générale. »

Cette intox arrive trop tard. Je sais déjà que le carnet d'ordres est plein et que l'augmentation de capital sera un succès. La période de souscription se termine dans quelques jours. Ils essaient encore de dissuader les investisseurs en sous-entendant que l'action vaudra plus cher demain. Et en même temps, ils légitimeront leur propre offre. Je fais prévenir les journalistes de cette tactique. Cette « info » ne sera pas reprise significativement.

27 février 2008

Nicolas Sarkozy perd encore quatre points dans les sondages.

Jean-Pierre Mustier est en *road show* en Allemagne. Le soir, seul dans son hôtel de Francfort, il prend son Blackberry et m'envoie ce mail :

– J'essaie de t'appeler ce soir. Je suis prêt a m'exprimer publiquement (interview dans un journal, lettre ouverte envoyée, autre) sur le thème : les attaques contre Daniel sont injustifiées, et scandaleuses, d'où quelles viennent. Daniel, courageusement, fait face à ses responsabilités. Cela aurait été de la lâcheté de ne pas le faire, les donneurs de leçon devraient s'en apercevoir. La bonne gouvernance d'entreprise, c'est de rester et de continuer de faire de la Société Générale une banque puissante. Les appels à son départ ne peuvent être qu'une tentative de déstabilisation qui n'a pour but que de servir des prédateurs éventuels. Qu'on ne se trompe pas de cible, s'il y a un responsable, ce n'est pas lui, c'est moi. Je suis responsable des métiers qui ont connu ces pertes importantes dues à l'immobilier US et à la fraude. J'ai donné ma démission à Daniel qui m'a demandé de rester. Je le fais dans l'intérêt de la Société Générale, de ses clients, employés et actionnaires, et redonne l'ensemble de ma rémunération à des organisations charitables. Il y a un autre responsable, c'est Jérôme Kerviel, qui n'a montré aucun remord, n'a jamais présenté d'excuses aux employés de la Société Générale, à ses actionnaires, à ses clients. Arrêtons d'en faire un Robin des Bois des temps modernes. Il est important aujourd'hui de laisser tranquilles les employés de la Société Générale pour qu'ils s'occupent de leurs clients, dans l'intérêt de nos actionnaires qui ont montré leur soutien total lors de notre augmentation de capital. Le futur appartient à la Société Générale. Je vais démissionner pour protéger Daniel.

Je lui réponds :

– Merci Jean-Pierre, La situation ne me semble pas si dramatique. Médiatiquement, nous ne sommes plus à la une. Même les propos de Nicolas Sarkozy n'ont fait qu'une brève et sur une seule télé. Tu as noté que le panel du *Parisien* n'avait posé aucune question sur la Société Générale (Sarkozy a profité d'une question sur Mittal). Tu sais que le plus difficile dans les crises est de gérer les silences. Une seule chose doit guider nos prises de parole : est-ce utile ? (pour les collaborateurs, les clients, les actionnaires). Les thèmes que tu évoques sont défensifs, montrent une inquiétude et sont de nature à déstabiliser les équipes. Malheureusement pour lui, c'est Daniel qui incarne la banque. Aujourd'hui, plusieurs articles soulignent son courage. Les propos de l'impopulaire Sarko nous aident vis-à-vis de l'opinion. Quant au risque d'Opa, il est très élevé, ton interview n'y changerait rien. La défense se fera sur *l'equity story*, le dialogue permanent direct avec ceux qui votent (trois catégories d'actionnaires : salariés, individuels et institutionnels), et notre capacité à réunir des amis dans notre capital. En gros, dans notre guerre de tranchées, nous devons tous rester solidaires et ne pas tirer des cartouches inutiles. Comment va le business ? On peut se parler à 8 heures ou ce soir, à ta convenance.

Jean-Pierre reprend son *smartphone* :

– Je serai entre deux avions ce soir. T'appellerai plus tard. Le business va à peu près, considérant l'environnement. Je suis d'accord qu'il ne faut pas tirer nos cartouches tout de suite, mais si les attaques continuent, il faut s'y préparer, au cas où. Bonne journée.

29 février 2008

Claude Bébéar est interviewé dans *Le Figaro* à l'occasion de sa passation de pouvoirs chez Axa, dont il prend congé à 72 ans. Naturellement la question est posée :

– Daniel Bouton aurait-il dû démissionner, comme l'a suggéré le président de la République ?

– À la question de la démission de son P.-D.G., manifestement responsable mais pas forcément coupable, aujourd'hui, le conseil d'administration de la Société Générale répond non. Je crois à la responsabilité des patrons, mais aussi à la nécessité pour les conseils d'administration de prendre leur décision dans la sérénité et sur la base de faits documentés. Il convient donc d'attendre les résultats des enquêtes en cours.

– Et la banque doit-elle défendre son indépendance ?

– Quant à fusionner avec une autre banque, c'est un autre problème.

– Et avec BNP Paribas ?

– J'en suis administrateur. Je ne répondrai donc pas…

Voilà pour la version écrite, mais en *off*, dans les couloirs, il a dit : « C'est une évidence, la banque est dans un tel état de délabrement que si l'on ne s'en occupait pas, soit elle repartirait de travers avec l'effet systémique que l'on connaît, soit elle se ferait bouffer et dépecer par un étranger… »

Une semaine plus tard, le 5 mars, dans *Le Parisien*, Claude Bébéar poursuit son offensive, graduellement, comme toujours. Il pèse chacun de ses mots, et ajoute un élément aussi méticuleusement que prévu :

– Il faut attendre la fin des enquêtes en cours pour savoir s'il y a eu des défaillances dans les systèmes de contrôle de la banque. Jusque-là, il y a donc le bénéfice du doute qui joue. Mais si de telles carences s'avéraient, dans ce cas, la responsabilité du conseil d'administration et pas seulement du P.-D.G. devrait être soulevée.

Ainsi se prépare l'opinion, un cran plus loin. Si Daniel ne démissionne pas, ce qui est irresponsable, alors, c'est la crédibilité du conseil d'administration qui est en jeu. Il annonce des principes de gouvernance, mais ne laisse plus aucun doute sur la culpabilité de Daniel… Là aussi, en *off*, il tient le même discours sur l'urgence d'un sauvetage « avant qu'il ne soit trop tard », à l'aide d'un partenaire français, « pour préserver les emplois et les centres de décision ici ».

9 mars 2008

L'augmentation de capital est bouclée. Elle a rencontré un grand succès. Elle a été sur-souscrite deux fois, avec une demande de 10,2 milliards. Tous les grands investisseurs ont suivi : la banque est recapitalisée. Le trou gigantesque a été bouché en moins d'un mois. Le communiqué partira le 11 au matin. Le problème financier de la Société Générale est réglé. BNP Paribas ne pourra plus faire dire que nous sommes en danger et que nous avons perdu la confiance des marchés.

Mais pour moi, l'actualité se passe ailleurs. Daniel m'appelle, il parle très lentement :

– Vous devez annuler mon audition par la Commission des finances de l'Assemblée nationale demain soir…

– Pourquoi, que se passe-t-il ?

– Je ne suis pas en forme, je n'arrive plus à me concentrer… je n'y arriverai pas.

Beaucoup plus tard, Daniel m'apprendra qu'en réalité, à cette époque, il se faisait traiter dans une clinique du sommeil. Il s'est fait accompagner par un psychologue, à qui il a longuement ressassé les détails de son histoire, dix fois, vingt fois. Il était en manque de sommeil total. Après des semaines sans dormir ou presque, et une situation de stress au-delà de la normale, le diagnostic du médecin a été clair : « syndrome d'hyperresponsabilité ». Chacun d'entre nous se sent responsable d'autrui. Quand nos enfants passent un examen, nous y pensons la nuit, quand un proche est malade, cela pèse sur notre comportement, quand le chiffre d'affaires vient à manquer, le patron de PME passe des nuits blanches en pensant au salaire de ses employés.

Plongé dans une crise de niveau sept sur l'échelle de Richter, doté d'un caractère fort, ayant eu des responsabilités au sein de l'État, P.-D.G. d'une banque majeure, Daniel a pris sur ses épaules des responsabilités démesurées et totalement inhumaines. Il s'est senti physiquement responsable de la fraude de Kerviel, de l'avenir des salariés de la Société Générale, de la solidité en chaîne des banques françaises, de la situation financière de la France, de l'état des marchés financiers qui auraient pu imploser, et de l'économie mondiale qui aurait pu connaître le chaos. L'ancien directeur du Budget mettra très longtemps à s'en remettre, à décompresser, à reprendre pied dans la vie réelle, avec la juste distance qui permet tout simplement de vivre. Il a pris beaucoup plus que sa part de responsabilité.

Le soir, les résultats du premier tour des élections municipales sont exécrables pour le pouvoir en place.

14 mars 2008

Le conseil d'administration se tient dans la tour Société Générale de La Défense pour statuer du sort de Daniel. Tous les administrateurs connaissent sa situation psychique. Le mandat semble clair : il faut remplacer Daniel Bouton. Ceux qui l'ont croisé récemment connaissent son état de santé. Des noms de nouveaux présidents circulent sous le manteau.

Philippe Citerne ne peut prétendre à rien car c'est lui qui supervisait les activités de marché. Son état psychologique n'est par ailleurs pas plus stable que celui de Daniel. Son absence durant la gestion de la crise le met hors course.

Jean-Pierre Mustier, le patron de la banque d'investissement, était le superviseur de Jérôme : il ne peut prétendre à une promotion.

Prévu sur la liste du conseil depuis plusieurs années, c'est le directeur financier, Frédéric Oudéa, qui tient la corde. Il a tenu le choc des *road shows* et réussi l'augmentation de capital dont la taille a été parfaitement calibrée. La solidité de la banque en sort accrue.

Daniel Bouton doit partir. Il est le dirigeant sous qui le crime a été possible et, bien que son intégrité ne soit nullement en cause, bien que les systèmes de contrôles soient en tous points identiques à ceux de ses pairs et validés par le régulateur, l'opinion veut voir sa tête en haut d'une pique. Pour la paix des activités, il faut la lui livrer.

S'ajoute à cela l'abattement de Daniel, la chute de sa résistance et son incapacité à réagir, à réfléchir, à répondre. Il faut se rendre à l'évidence : il n'est plus, physiquement et psychiquement, en état de gouverner.

Alors que le tour de table est bien engagé, le secrétaire général annonce l'arrivée de Daniel. Personne ne l'attendait compte tenu de son état de santé.

Daniel entrouvre la porte, observe le silence créé par son geste, puis s'avance. Amaigri, fatigué, bourré de médicaments, il s'installe lentement. Il rejoint sa place. C'est lui, de fait, le président de séance. Il regarde un à un chacun des administrateurs, plonge son regard profond dans leurs yeux. Ils sont ébranlés.

Puis il prend la parole très calmement. Son débit est lent :

– Je sais que vous souhaitez tourner la page. Cela est plus que légitime, c'est utile pour la banque qui se doit d'effectuer ce mouvement. Je l'approuve. Je sais aussi que je ne suis pas en état. Cela me semble normal après le choc que nous avons vécu. Il me faudra du temps pour récupérer. C'est pourquoi je vous annonce que je démissionne de mon poste de directeur général.

Il marque une longue pause et écoute le silence de ses pairs, avant de poursuivre :

– Pour la présidence, je connais les trois ou quatre personnes auxquelles vous pensez. Vous connaissez la difficulté de la tâche. C'est risqué. Je sais aussi qu'aucun d'entre vous n'est prêt à relever le gant, ce que je regrette, vous en avez l'expérience.

Personne ne réagit.

– Ma proposition consiste à accompagner le nouvel

exécutif. Je vous propose de dissocier les fonctions de président du conseil de celles de directeur général.

Ils l'écoutent avec attention. Daniel se livre alors à un léger tour d'horizon. Son débit est très lent :

– Jean-Pierre se sent responsable de l'affaire Kerviel, il ne souhaite qu'une chose : partir.

– Reste la solution Oudéa. Il est, avec moi, l'artisan de la recapitalisation de la banque.

Il les observe chacun dans les yeux. Daniel sent l'ambiance, il racle sa gorge et reprend :

– Je démissionnerai aussi de la présidence de cette maison dans quelques mois, après avoir affronté l'assemblée générale et présenté les résultats du premier semestre : je bouclerai totalement la gestion de cette crise. Il me semble meilleur de gérer cette affaire avec sérénité. Je vais progressivement me remettre de ce choc, et vous vous prononcerez sur mon état lors des prochains conseils… Je vous laisse délibérer, votre choix sera le mien.

Puis il sort de la salle du conseil pour laisser les administrateurs délibérer. Il retourne dans son bureau, à deux pas de la salle du conseil. Il s'effondre dans son fauteuil, livide.

Il attend le verdict.

Son regard est absent, il n'a plus goût à rien. L'échec, le premier de sa vie, a été dur à avaler. Ce n'est pas tant la découverte de la fraude, le débouclage de la position, la recapitalisation, les *road shows* à travers le monde, les justifications et explications données aux régulateurs mondiaux, aux investisseurs, les avoinées, les engueulades, les mesquineries de ceux qui lui ont parfois fait faire treize heures de vol pour lui claquer la porte au nez en lui disant leur mépris, qui ont petit à petit ruiné son moral et sa santé.

Pour lutter contre sa tendance à l'hyperresponsabilité, il aurait dû trouver une hypersolidarité, afin d'atténuer les ravages du stress et de soulager la pression. Il ne l'a pas trouvé. Cela a renforcé sa perception d'être un homme seul portant un globe terrestre sur ses épaules.

Désolidarisation de Philippe. Trahison du regard des autres, de plus en plus condescendants au fil du temps : plus ses proches le voient baisser, déprimer, plus cela se lit sur leurs visages et moins ils lui disent les choses. Trahison du succès, qui l'avait toujours accompagné. Le premier de la classe est déchu. Il n'était pas préparé psychologiquement à descendre de son piédestal.

Mais pour ce « dernier » jour, il a voulu faire face avec dignité et s'est bourré d'antidépresseurs et de vitamines.

Les administrateurs autour de la table restent silencieux. Ils sont troublés par celui qui a présidé ce conseil pendant plus de dix années, celui qui a triplé la taille, les effectifs et les résultats de l'entreprise. Ils sont admiratifs de son courage face à une crise majeure. Cet homme affaibli en face d'eux leur demande du temps pour revenir au meilleur niveau de sa forme. Mais ils hésitent. Ils connaissent la pression de l'opinion et des hommes politiques.

Beaucoup pensent que son départ réglerait bien des problèmes. Mais le premier à reprendre la parole est d'un autre avis :

– On ne jette pas dehors un homme qui a consacré dix-sept ans de sa vie à une entreprise, et qui en a fait l'une des plus belles réussites du capitalisme français.

Le débat est vif. Aucune alternative sérieuse ne s'impose.

Le conseil vote.

Au final, une courte majorité se prononce pour la dissociation des fonctions. Daniel sauve sa peau et intronise le survivant de ses deux dauphins, Frédéric. Il est maintenu président. Frédéric Oudéa est nommé directeur général. Philippe accepte de démissionner de son poste d'administrateur en contrepartie du maintien de son contrat de travail pendant un an, date à laquelle il aura 60 ans et pourra toucher sa retraite chapeau.

18 mars 2008

Jérôme Kerviel sort de prison, il marche, souriant, dans la rue devant la Santé. Les journalistes et photographes le hèlent, ils l'appellent par son prénom. Kerviel prend son temps, il savoure la célébrité et la liberté retrouvée. Il regarde les médias en ligne derrière des barrières, les salue de la main en écartant les cinq doigts. Cinq, comme les milliards perdus par la banque. On le compare à Tom Cruise. Il flotte comme sur un nuage. Il continue de naviguer dans son monde virtuel.

Comme à tous les collaborateurs de la banque, ces images me sont insupportables.

19 mars 2008

7 h 30, le 19 mars 2008, Je suis à la maison devant les journaux du matin lorsque je reçois un texto de l'attachée de presse américaine de la banque :

– *Hi, Hugh, u probably are aware that BNP have issued a statement saying they've studied + decided not to go 4 a bid 4 us. Dow Jones has called. Cheers. Laura.*

Je me jette sur Internet, me connecte sur le site et lit le communiqué de presse. BNP Paribas a effectivement jeté l'éponge.

« Compte tenu de rumeurs persistantes, le groupe BNP Paribas précise qu'il a cessé d'étudier le dossier d'un éventuel rapprochement avec Société Générale. Il considère que les conditions permettant de réaliser une opération créatrice de valeur pour ses actionnaires ne sont pas réunies. Dans le contexte actuel, la priorité du groupe est de valoriser les nombreux atouts dont il dispose : gestion rigoureuse des risques, solidité financière, efficacité commerciale, diversification des sources de revenus. Le groupe est bien positionné pour continuer son développement en combinant ses compétences dans les activités de banque de détail (qui représentent plus de 50 % des revenus du groupe), de banque de financement et d'investissement (28 %) et d'Asset Management et Services (18 %). Plus que jamais, à un moment où de nombreux concurrents voient leur capacité d'action réduite, BNP Paribas entend mettre l'ensemble de ses équipes au service de ses clients et de l'économie réelle. »

Ils cognent dur : « au service de l'économie réelle » en référence aux positions fictives de Jérôme, la « gestion rigoureuse des risques » par opposition aux claques prises sur les *subprimes* par la Société Générale. C'est vrai que leur exposition est inférieure à la nôtre. La mauvaise foi est totale et laisse une trace désobligeante chez tous les observateurs superficiels, et ils sont nombreux, qui ne vérifient pas que l'allocation des activités des deux banques est sensiblement… identique, à cette différence près que leurs activités de marché sont beaucoup plus importantes !

Quelques jours plus tard, Christophe Reille arrête de

s'occuper de la communication de Jérôme. Je m'efforce de n'y voir aucun lien.

25 avril 2008

Pour son premier anniversaire à l'Élysée, le président de la République s'offre une intervention télévisée, toutes chaînes confondues. Un mois après le second tour des municipales, il est au fond du trou dans les sondages. Le sujet a quitté la une des médias depuis deux mois, aucun journaliste ne lui pose de questions, mais Nicolas Sarkozy se lance tout seul sur l'un de ses sujets favoris : Daniel.

– Enfin, ce qui est arrivé à la Société Générale est proprement stupéfiant ! Qu'un seul homme puisse être responsable d'un tel désastre, c'est préoccupant. Alors ceux qui trouvent que maintenant avec la hausse des taux d'intérêt, tout cet argent qui était prêté à des spéculateurs, qui achetaient à n'importe quel prix, dans n'importe quelle condition… Ce qui me gêne, ce n'est pas le salaire de son P.-D.G., mais quand on a des salaires de ce niveau, et qu'il y a un désastre de ce niveau, si le patron n'est pas responsable, et bien que doit penser le salarié, qui lui n'a pas le même salaire ? Je suis pour que le patron soit responsable quand il y a une erreur de cette nature. Eh bien, il faut que les gens en tirent les conclusions.

27 avril 2008

Moins de deux semaines après le conseil d'administration de la Société Générale et un mois pile avant son assemblée générale, Claude Bébéar serre encore un peu plus le garrot. Il enfonce un coin de plus avant que sa proie ne lui échappe. Interrogé sur Europe 1, il frappe :

– Le patron de la Société Générale est responsable même s'il n'est pas coupable.

C'est au modèle de croissance qu'il s'en prend, à la stratégie de Daniel :

– L'exigence de rentabilité à court terme est condamnable.

19 mai 2008

Lundi 19 mai, le président de la République se rend à pied au Pavillon Gabriel, sur l'avenue du même nom, à deux pas de l'Élysée. Il se rend à l'invitation de Vincent Bolloré, l'homme du yacht d'après le second tour des présidentielles. C'est le dixième anniversaire de la Fondation de la 2e chance.

Nicolas Sarkozy se lance dans un discours improvisé devant plusieurs centaines de patrons, cadres dirigeants, cabinets-conseils et avocats sur le volontarisme, la rupture et la méthode de la réforme. Il fustige le conservatisme des chefs d'entreprises en matière de recrutement et rappelle son opposition personnelle aux parachutes dorés et aux retraites chapeaux. Évidemment, il cogne à nouveau sur Daniel :

– Quand le président d'une banque qu'on ne nommera pas connaît le sinistre que l'on sait, qu'il n'en tire pas immédiatement les leçons me scandalise.

C'est une idée fixe. Son seul pardon sera la vengeance. Nicolas Sarkozy ne se remet pas d'avoir été tenu à l'écart par Daniel.

TEMPS IV

La chute

15 septembre 2008

Manhattan, sept ans après l'effondrement du World Trade Center, au même endroit et presque jour pour jour, la finance mondiale est touchée en plein cœur. Lehmann Brothers tombe. La diffusion lente du crédit pourri dans les veines des banques a provoqué l'embolie du système. Plus aucune liquidité ne circule. La confiance est morte. C'est la panique.

Ce 15 septembre, le secrétaire d'État au Trésor américain et le président de la Réserve fédérale s'affranchissent de l'adage « *too big too fail* », trop gros pour tomber, et envoient au tapis la quatrième banque de Wall Street et ses 613 milliards de dollars d'engagements financiers. Le monde comprend d'un coup le sens du mot « systémique », évoqué neuf mois plus tôt par la Société Générale, dont le bilan pèse deux fois celui de Lehmann, soit 1 100 milliards d'euros.

En 2001, Al Qaeda avait détruit un symbole – celui de la puissance de l'Amérique – et tué 3 000 personnes. Atteints par la première attaque sur leur sol depuis Pearl Harbor, les États-Unis ont décidé de se relever par la relance de la consommation et l'endettement facile, sans conditions ni apport. Ils ont créé une bulle de crédit glouton. Ils ont feint de penser qu'ils pourraient tenir ce rythme à l'infini, bannissant le mot surchauffe du langage : avec la mondialisation, la révolution numérique et la croissance des pays émergents, nous pensions vivre une nouvelle ère du capitalisme, avec des cycles porteurs plus soutenus. La croissance simultanée dans autant de pays devait se poursuivre pendant plusieurs décennies puisque plusieurs milliards d'humains dans la misère allaient suivre le destin de la Corée, de la Chine, de l'Inde ou du Brésil.

Le scénario était trop beau : les surcapacités de production entraînent un décrochage de l'activité au milieu de 2007, puis un retournement de l'immobilier. Des millions de néopropriétaires américains sont pris au piège, et toute l'économie des *subprimes*, depuis le promoteur jusqu'à la syndication des dettes dans les produits financiers les plus complexes. Les bilans des banques voient la valorisation des actifs immobiliers s'effondrer avec les prix du marché, presque en temps réel. Le jeu des dépréciations successives ruine méthodiquement la réputation des différents acteurs, chacun s'est mis à regarder son voisin de travers, s'interrogeant sur sa fiabilité. Les investisseurs ont ralenti puis coupé leurs apports de liquidités aux banques. Faute de carburant, l'économie a ralenti. La machine s'est grippée. Les paris à la baisse ont commencé, entraînant les Bourses dans la même spirale que lors de la bulle de crédit, mais à l'envers. La croissance avait été presque irréelle. La chute est vertigineuse. Par son modèle bancaire centré sur les métiers les plus risqués, active aux États-Unis épicentre de la crise des *subprimes*, Lehmann est au cœur de tout cela. Elle ne supporte pas le choc.

L'effet est immédiat dans le monde entier. Les banques ne se prêtent plus entre elles. La liquidité se tarit et les établissements les plus fragiles rencontrent de graves difficultés. En France, Dexia est la première banque gravement touchée à cause d'une structure de bilan médiocre : ils se refinancent à court terme et prêtent à long terme, sans disposer d'assez de dépôts de particuliers.

Les banques sont obligées de se refinancer au jour le jour auprès de la Banque centrale européenne. Cela crée un déséquilibre grave : on ne peut pas prêter à quinze ans et se refinancer au jour le jour sans créer un effet de ciseau désastreux compte tenu de la courbe des taux. Les particuliers s'interrogent sur la solidité du système. Certains commencent à retirer leurs dépôts. Les médias évoquent un effet dominos. Des entreprises retardent le paiement de leurs fournisseurs. Un frisson se propage. À tout instant, l'inquiétude peut provoquer l'effondrement du système. Il faut agir vite.

Les États-Unis annoncent un plan de sauvetage de leurs banques de 800 milliards de dollars. Les Anglais nationalisent à tour de bras.

Bercy imagine une structure de refinancement avec la garantie de l'État, qui permettra aux banques d'emprunter sur le marché plus long qu'au jour le jour, tout en rassurant les investisseurs. Cette garantie sera payante. En contrepartie, outre les intérêts payés à l'État, les banques apportent, pour un même montant, les stocks de crédits qu'elles ont faits aux particuliers, PME et collectivités locales : si elles faisaient défaut, l'État reprendrait ces crédits et en toucherait les remboursements, intérêts et principal. Sur cette gamme de crédits, le risque de non-remboursement est faible. Sur une année, les besoins de refinancement de la totalité des banques françaises sont estimés à 100 milliards. Les banques empruntent pour prêter : elles constituent en permanence de nouvelles lignes de crédit lorsque les anciennes arrivent à échéance et lorsqu'elles développent de nouveaux engagements auprès de leurs clients : ainsi se fabrique la croissance. Le mécanisme est vertueux, l'État fera payer sa garantie aux banques pour un prix de 0,5 % des montants ainsi empruntés. Le schéma lui rapportera 500 millions.

C'est le plan qui est présenté à Nicolas Sarkozy.

Mais le Président est confronté à un problème politique. Il a entre les mains les chiffres du chômage du mois de septembre. Ils sont mauvais : 45 000 demandeurs d'emplois en plus. Il va devoir l'annoncer dans dix jours. Il s'agit du pire chiffre depuis douze ans.

C'est ainsi qu'il développe le concept de *credit crunch* français. Le tarissement du crédit. C'est la faute aux banques. Il amende le plan de Bercy et inverse la charge de la preuve. Ce ne sont plus les banques françaises les victimes de la crise, qu'il faut aider à se refinancer. Ce sont les banques coupables de la crise. C'est parce qu'elles ne font plus crédit aux particuliers que la croissance ralentit et que le chômage monte. Donc l'État volontariste va les obliger à prêter à nouveau et tout repartira comme avant.

En réalité, les encours de crédit des banques françaises sont en hausse significative depuis le début de l'année (+11 %) alors que 2007 était déjà une année record… Il est en revanche vrai que les productions mensuelles de crédit commençaient à s'essouffler.

Parallèlement, il faut recapitaliser Dexia en urgence, pour un milliard. Natixis est au bord du gouffre compte tenu d'une accumulation de produits dont la qualité est passée de fiable à toxique en quelques mois. Les Caisses d'Épargne et BNP Paribas sont courts en fonds propres. Seuls le Crédit Agricole, le Crédit Mutuel et la Société Générale sont convenablement capitalisés. La banque de Daniel Bouton a reçu le carburant nécessaire avec son augmentation de capital post-Kerviel.

Pour ramener la confiance, l'État décide d'apporter aux banques une aide en fonds propres, cet apport leur sera facturé entre 8 à 9 % l'an. Une enveloppe de 40 milliards est mise à leur disposition. Pour ne pas montrer du doigt les plus faibles, il contraint les banques bien capitalisées à suivre le mouvement : toutes passeront par le guichet au prorata de leur taille en émettant des titres subordonnés souscrits par l'État, pour un montant de 20 milliards (sur l'enveloppe de 40 milliards). Au total, ce plan de sauvetage devrait rapporter au budget de l'État près de 2 milliards, la première année (en gros, 100 milliards × 0,5 %, auxquels il faut rajouter 20 milliards × 8 %). Ce sera un bénéfice… Sauf si tout tourne mal. Dans cette hypothèse, l'État serait effectivement en risque, principalement sur la fraction des 20 milliards apportés aux banques les plus fragilisées.

Nicolas Sarkozy, qui préside l'Europe pendant six mois, réussit à mobiliser ses partenaires. Il a compris plus vite qu'eux l'ampleur de la crise et du risque systémique. Ce dernier mot avait beaucoup raisonné dans les têtes des dirigeants français lors de l'affaire Kerviel, neuf mois plus tôt. Il a parfaitement calibré le tir et réussi à convaincre l'Allemagne et les autres pays de la zone euro à réagir de même. Ce plan était nécessaire. Il a parfaitement joué son rôle. Les marchés ont été rassurés et la liquidité est peu à peu revenue.

Quelques jours plus tard, Nicolas Sarkozy prononce un discours politique très violent. Ses phrases touchent l'opinion : « Je m'engage contre un capitalisme spéculatif insensé. […] Je pense notamment aux dérives scandaleuses des rémunérations. [...] En cas d'urgence, l'État prendra le contrôle des banques en difficulté : les directions de ces banques seront limogées, car les responsables doivent être punis [...]. Je veux que toute entreprise qui aurait un problème de crédit auprès de sa banque puisse appeler le médiateur national et que chacun sache que les crédits que nous avons mis sous forme de garanties ou de fonds propres à la disposition des institutions financières, nous voulons que cela se retrouve dans le financement des PME. »

Il annonce à l'opinion et à la communauté internationale un plan d'aide aux banques de 640 milliards d'euros. L'opinion pense à un cadeau gigantesque fait aux banques. Elle est scandalisée de ce « don ». Le chiffre est énorme. Il choque. Personne ne le comprend. En réalité il a tout additionné pour atteindre un chiffre indigeste : les 100 milliards de besoins en refinancement annuels, qu'il a projeté sur six ans et les 20 milliards de quasi-fonds propres, qu'il a doublés pour montrer aux marchés que l'État avait de quoi voir venir. Les marchés financiers attendaient des chiffres énormes des Américains et des Anglais compte tenu du nombre de nationalisations à effectuer. Mais pour la France, une réponse rationnelle était suffisante.

Ce chiffre irréaliste de 640 milliards, jeté en pâture à l'opinion, coûtera cher plus tard à sa cote de popularité. Il lui sera difficile, malgré son populisme, de ne pas paraître l'ami des puissants. Une communication plus juste et rationnelle vis-à-vis des banques lui aurait certainement évité cet effet boomerang.

20 janvier 2009

Un an pile après la découverte de la fraude, le conseil d'administration de la Société Générale se réunit. Plusieurs sujets sont à l'ordre du jour. D'abord, rassurer les marchés financiers qui attaquent les banques sur la quantité d'actifs pourris. BNP Paribas a beaucoup investi dans le fond Madoff et la banque a perdu plus d'un milliard sur les marchés lors de la crise financière de l'automne 2008. La banque de Daniel est bénéficiaire de deux milliards d'euros, elle est la seule à ne pas avoir perdu d'argent sur les marchés au 4e trimestre. Elle avait blacklisté les fonds de Bernard Madoff depuis des années. On ne peut pas avoir toutes les malchances à la fois et la Société Générale a largement été éprouvée depuis dix-huit mois.

Compte tenu de ce qu'ont vécu les salariés, notamment dans les agences, et de la bonne tenue de la banque dans cette année épouvantable, le comité des rémunérations aborde les sujets d'attributions d'actions gratuites pour les salariés et de stock-options pour les cadres. Le plan sera large, près de 5 000 personnes, dont la moitié en reçoivent pour la première fois. La plupart des autres bénéficiaires ont été formés depuis des années par la banque et sont l'objet de toutes les séductions de la part de nos concurrents, sur le thème « Après l'affaire Kerviel, la Société Générale est plombée pour des années, venez vous épanouir chez nous ». Le comité des rémunérations estime que ce n'est pas le moment de les laisser filer. L'option choisie est favorable aux salariés. Plus on monte dans la hiérarchie, plus les conditions de performance sont drastiques, moins la part des actions gratuites, les plus sûres, est acquise. Le plan est validé dans ses principes.

Au même moment, Nicolas Sarkozy reçoit à l'Élysée nombre de directeurs financiers des grandes entreprises françaises à l'occasion de la cérémonie de décoration de l'un d'entre eux. Au cours du discours convenu, s'adressant aux dirigeants, il leur dit : « Vous devez bien gagner votre vie », avant d'émettre un soupir. Le lendemain, les syndicats manifestent et appellent à la grève pour la relance du pouvoir d'achat par un grand plan d'aide aux plus défavorisés. La journée rencontre un franc succès. Les grévistes et manifestants se comptent par millions. Quelques jours plus tard, Séguéla, le publicitaire ami de Nicolas, qui lui a présenté sa femme Carla, en voulant défendre le Président, lance : « Si à 50 ans on n'a pas une Rolex, on a raté sa vie. »

Nicolas Sarkozy envie le sort des dirigeants d'entreprise, le conseil d'administration de la Société Générale dans le ciel de La Défense prépare son plan d'intéressement des salariés, des manifestants dans la rue réclament du pouvoir d'achat. Les images se superposent dans des mondes parallèles. Et moi je ne sais plus très bien parfois ce que je fais là, dans cette tour, dans ce métier. Je me surprends à passer deux jours sans parler de l'affaire Kerviel. Cela ne m'était plus arrivé depuis longtemps. Je réapprends à vivre avec une dose de stress supportable.

4 mars 2009

La crise financière touche désormais l'économie réelle. Tous les indicateurs sont dans le rouge : emploi, confiance, consommation. C'est la récession. Le chapelet des nouvelles catastrophiques s'égrène au fil des journaux télévisés. La mine des présentateurs ressemble aux tableaux de Francis Bacon. Dans les banques, partout dans le monde, les défaillances des entreprises pèsent sur le coût du risque, qui grimpe. La baisse des marchés boursiers et des matières premières rend toxiques les actifs des bilans. Le dégonflement du ballon de baudruche menace de détruire tout le système. Les grands États font des plans de relance en centaines et milliers de milliards, censés relancer la machine. Mais le moteur est noyé. Les constructeurs automobiles américains sont au bord de la faillite, entraînant leurs sous-traitants, leurs salariés et le maillage entier de villes et régions.

Dans ce contexte, les banquiers sont montrés du doigt, hués, houspillés et rendus publiquement responsables de la crise. Il ne fait pas bon aller dîner avec des amis ou se pointer à des réunions de famille. Kerviel, Lehmann, les bonus, Daniel Bouton… Tout se mélange, le vrai et le faux, les critiques légitimes et le n'importe quoi. Parfois, je me défends pied à pied. Souvent, j'encaisse. Après des journées tendues, j'apprends à me faire engueuler en plus, le soir et le week-end.

Les rapports internes racontent que les guichetiers des agences se font parfois cracher au visage par les clients les plus fortunés, mécontents des contre-performances de la bourse ; l'agressivité des petits clients est moins méprisante mais plus douloureuse. Les contrôleurs et opérateurs de *back offices* tournent aux 80 heures hebdomadaires, les financiers et comptables s'arrachent les cheveux, les traders dépriment, certains départements réduisent la voilure de manière spectaculaire.

Le rapport annuel de la Société Générale est mis en ligne dans le bon calendrier légal : les détails du plan d'actions gratuites et d'options sont en accès libre sur Internet. Cent journalistes abonnés aux alertes du site Internet reçoivent automatiquement un mail. Manquent deux informations : le prix des options, qui sera constaté le 9 mars en fonction du cours de Bourse, et la part des mandataires sociaux, qui sera décidée à la même date en conseil d'administration.

Dans la foulée d'un sommet au Mexique, le Président et sa femme s'offrent quelques jours de vacances dans une suite de 300 m^2, piscine privée face à la mer, service premium ultra-renforcé, dans un hôtel de luxe appartenant à l'un des membres du *board* de la *Federal Reserve*.

9 mars 2009

Le conseil d'administration de la Générale se réunit. Il acte le prix moyen des vingt jours de Bourse pour les actions gratuites destinées aux collaborateurs. Puis il valide l'allocation de stock-options pour les mandataires sociaux en suivant les recommandations du comité de rémunération, constitué d'administrateurs indépendants. La délibération se fait hors de la présence des bénéficiaires, comme il se doit. Ils sont informés de leur sort après le conseil, individuellement. À l'issue de la réunion, le secrétaire de séance doit mettre en ligne ces informations dans les plus brefs délais, comme l'exige la réglementation. Mais il décide d'attendre quelques jours car Philippe Citerne, le directeur général délégué, ne bénéficie pas de ce plan : son départ imminent n'est pas encore annoncé.

17 mars 2009

Un communiqué annonce que Philippe Citerne « fait valoir ses droits à la retraite ». Il a signé la veille son package de sortie. La nouvelle ne fait pas grand bruit. Son départ a été annoncé dans les médias depuis plusieurs semaines.

18 mars 2009

Les 1 000 principaux managers de la banque sont réunis pour la première grande convention annuelle du nouveau directeur général, Frédéric Oudéa. Fixée longtemps à l'avance, la date tombe la veille d'une grève générale en France. À l'ordre du jour, de nombreux sujets opérationnels : clients, synergies entre les métiers, gestion des hommes et des femmes, plan de route pour les prochains mois et vision stratégique long terme. À 18 heures, Philippe Citerne fait ses adieux dans un discours interminable et plat, qui égrène tous ses anciens patrons sauf Daniel.

Au même moment, une attachée de presse de la banque, restée de permanence au bureau, reçoit un mail du secrétaire général de la banque : « Merci de mettre en ligne immédiatement ce communiqué dans la partie réglementaire du site. » La pièce jointe est intitulée « press release ». Elle s'exécute de bonne foi sans demander une validation à ses supérieurs. C'est l'information post-conseil d'administration sur les attributions d'options pour les quatre mandataires sociaux : Frédéric obtient 150 000 options. Daniel, 70 000, les deux autres mandataires, 50 000 chacun. Je reçois le communiqué sur mon Blackberry. Je suis stupéfait. Le conseil ne m'avait pas informé. J'envoie immédiatement un mail au secrétaire général : « C'est une connerie, cela va faire une nouvelle polémique. » La mèche est prête pour qui voudra bien l'allumer. Le communiqué ne pouvait pas plus mal tomber, au moment même où des centaines de milliers de Français descendent dans la rue à cause de la crise. Je suis atterré.

19 mars 2009

Les manifestations de salariés fustigent les patrons voyous, les goinfres, les gloutons irresponsables. Tous les médias relayent l'information. C'est une polémique qui fait très mal pendant quelques heures jusqu'au journaux télévisés de la mi-journée. L'aprés-midi est beaucoup plus calme. France 2 envoie ses caméras au pied des tours. Le personnel ne moufte pas : aucune émotion, *no comment*. Ayant fait chou blanc, la rédaction décide de ne pas passer le sujet au 20 heures, TF1 non plus, alors que le JT reçoit le Premier ministre. Aucune question ne lui est posée sur la rémunération des dirigeants de la Société Générale. Cependant le mal est fait en interne. Les collaborateurs sont très désabusés et l'expriment d'autant plus que leurs clients le leur reprochent.

20 mars 2009

Le matin, le sujet n'occupe qu'une place réduite dans les journaux. Sur RTL, le ministre du Travail ne traite pas le sujet. Sur Europe 1, la question est posée à Laurent Fabius, l'ancien « plus jeune premier ministre de France », sorti de l'ENA « dans la botte », la même année que Daniel. Laurent Fabius répond de manière générale. Au bureau, mon service de communication reçoit très peu de coups de fil de journalistes. Les seules questions sont techniques. Les logiciels d'alerte qui scrutent les informations des radios et des télévisions balaient toute la matinée sans trouver aucune occurrence.

C'est en fin de matinée que Luc Chatel, le porte-parole du gouvernement, sonne la charge. Il est membre de la garde rapprochée du président de la République et ses « éléments de langage » sont négociés chaque jour au plus haut niveau. Les propos de Luc allument la mèche. Les mails d'alerte crépitent au service de presse de la banque. Un peu plus tard, Xavier Bertrand, le nouveau patron de l'UMP, lance une nouvelle salve. Je comprends que Nicolas Sarkozy a décidé de finir le travail : il veut la tête de Daniel sur un plateau, maintenant. Le bruit médiatique s'amplifie fortement.

Durant les jours suivants, le conseil d'administration de la BNP se réunit en catastrophe pour annuler le plan d'options qu'il avait validé juste auparavant pour ses dirigeants.

Tous les journalistes attendent la conférence de presse sur la préparation du G20 à 13 h 15 à Bruxelles, où Nicolas Sarkozy interviendra sur la réforme du capitalisme. Mais le Président se contente d'une déclaration générale sur la moralité des chefs d'entreprise. Je suis surpris de sa modération, mais je comprends rapidement le changement de stratégie : il préfère laisser ses troupes en première ligne. En se mouillant directement, il prendrait un double risque : celui de ne pas réussir une seconde fois, et celui de descendre dans la mêlée. Par ailleurs, nombre d'entreprises publiques ou dans lesquelles l'État est un actionnaire important, bénéficient de plans d'options et versent des bonus, validés par des comités de rémunération où figurent des représentants de l'État.

Frédéric Oudéa décide d'abandonner ses options. Daniel Bouton et Jean-Martin Folz, l'administrateur indépendant qui préside le comité de rémunérations, le dissuadent. Il ne faut pas céder, il faut éviter toute jurisprudence et ne pas risquer de détruire les plans de fidélisation. Frédéric est conscient de la pression de l'opinion ; les administrateurs sont maîtres du conseil d'administration, élus par les actionnaires, ils imposent leur vue. Il est finalement décidé de rajouter une condition à leur plan d'options : ils s'engagent à ne pas les lever tant que la banque bénéficiera d'un prêt de l'État.

Le vendredi soir, les médias sont mous. Le samedi, *Le Monde* n'aborde pas le sujet.

Pourtant, Frédéric n'est pas à l'aise. Il finit par convaincre Jean-Martin Folz et Daniel Bouton. Puis il fait dire à Bercy le samedi après-midi que finalement, il renonce totalement à ses options, ainsi que les autres mandataires. Il veut réserver la nouvelle aux salariés pour le lundi matin et leur écrire une lettre personnelle. En se précipitant sur son téléphone, il commet une erreur tactique. La ministre informe l'Élysée. Une fenêtre gigantesque est offerte aux politiques.

21 mars 2009

Le dimanche matin, ni le *Journal du Dimanche*, ni *Le Parisien* n'abordent le sujet.

Le matin sur Europe 1, Christine Lagarde, la ministre de l'Économie, demande à Jean-Pierre Elkabbach de lui poser la question. Elle répond dans l'émission de 11 heures : « Il serait grand temps que Société Générale rime avec intérêt général. » La phrase est ciselée, elle ressemble à un slogan publicitaire. Depuis le début de la crise, Lagarde a joué un rôle remarquable. Son comportement a toujours été très responsable. Cela ne lui ressemble pas. Puis elle ajoute : « C'est un dossier sur lequel nous n'avons pas débouché et qui n'est pas terminé. » C'est d'une mauvaise foi totale, elle sait déjà que les dirigeants ont renoncé. Les deux mots « pas terminé » signifient que l'acharnement médiatique de la garde rapprochée de Nicolas Sarkozy ne fait que commencer. Ils utiliseront tous les moyens pour faire tomber Daniel. Une dépêche AFP suit. Les proches de Sarko s'engouffrent dans la brèche et crient au scandale sur toutes les ondes. L'opération est bien orchestrée. Cette fois, c'est l'explosion médiatique. Le porte-parole de l'UMP va jusqu'à menacer de fermer ses propres comptes à la Société Générale. Il incite les Français à faire de même si les dirigeants ne renoncent pas à leurs options. Cette incitation ultra-populiste est extrêmement dangereuse. Les radios et télévisions font tourner en boucle les déclarations hostiles. J'informe Frédéric Oudéa de la montée en puissance de la polémique. Je décide d'accélérer l'annonce du renoncement et de faire fuiter sur Internet la lettre destinée aux collaborateurs. Son contenu est repris sur les ondes.

Pour la première fois, les collaborateurs se désolidarisent de la direction. Ils ont mal en voyant le journal de 13 heures, puis celui de 20 heures. La phrase de Christine Lagarde fait mouche. Au moment où on leur demande des efforts de productivité et de vigilance, ils ne comprennent pas cette erreur de jugement.

30 mars 2009

Le sujet se tasse médiatiquement. Mais la brèche est ouverte. De nombreux clients menacent de partir. Ils retrouvent l'agressivité qu'ils avaient manifestée un an auparavant, lors de la découverte de la fraude. Cette fois, les chargés de clientèle ne sont pas prêts à se battre. Il ne s'agit plus de protéger leur emploi mais le bonus des dirigeants. La base gronde.

Le soir, tout bascule, *L'Express* sort un dossier sur Internet : « Après l'affaire des stock-options, celle des retraites ? » Ils ont vu, dans le rapport annuel, que Daniel a accumulé des droits de pension qui représentent 727 500 euros annuels. C'est la retraite chapeau. L'information est publique depuis de nombreuses années. Mais l'effet est dévastateur. L'information donne l'impression que Daniel tente de récupérer ce qu'il a perdu avec les options en réclamant de nouveaux avantages. : l'ensemble de la classe politique se lâche à nouveau sur les ondes. Les incivilités explosent aux guichets. Les clients ne veulent pas payer de commissions pour gonfler la retraite et les bonus du président de la banque.

Daniel se trouve à nouveau dans l'œil du cyclone.

Les médias cognent dur toute la semaine.

Les clients hurlent.

Et les salariés ne comprennent pas.

La pression monte de dix crans. La situation interne et externe devient vraiment intenable.

Daniel me demande ce que je pense de la situation. Je ne suis pas optimiste.

– La situation n'est plus tenable. Votre image est associée à la crise financière, aux dérives du capitalisme et à l'argent fou. Vous êtes devenu le symbole du mal absolu. Vous nuisez désormais à l'image de la banque. Les équipes ne se mobiliseront pas pour votre rémunération comme elles l'avaient fait pour sauver la banque du choc Kerviel. Elles ne montreront pas à leurs clients leur détermination. Nous n'avons pas de levier pour changer cela.

– Dois-je démissionner ?

– Oui.

– Quand ?

– Rapidement.

2 avril 2009

Un conseil d'administration de la banque est convoqué discrètement. La banque doit repasser de fortes provisions sur les *actifs toxiques*. Stock-options et *subprimes* ne font pas bon ménage. Le calice est plein. Rien de filtre des délibérations.

3 avril 2009

Daniel m'appelle vers dix heures, la voix sombre. Il me dit :

– Je vais démissionner. Je n'en peux plus.

Je m'y attendais, mais pas si vite, je pensais qu'il laisserait passer le week-end. Il ajoute :

– J'en ai marre, Hugues.

Puis il répète sa phrase avec exaspération :

– J'en ai MARRE !

Il en veut aux administrateurs qui ont décidé ce plan d'options. Il n'avait rien demandé et je le sais. Mais, il aurait dû comprendre que cela ne passerait pas et refuser. Il reconnaît son erreur.

En raccrochant, je me rappelle une conversation que j'ai eue, quelques années auparavant, avec le prédécesseur de Daniel, Marc Viénot. J'étais tombé sur lui par hasard au sortir d'une réunion. Il était énervé. Je m'en suis étonné. Nous étions bien avant les crises. Les résultats étaient excellents. Marc sortait d'un conseil d'administration consacré, entre autres, aux parts variables des rémunérations des mandataires sociaux et des plus hauts salaires de la banque.

– Vous en faites une tête, c'est rare de vous voir dans cet état.

– C'est vrai, nous venons de passer un moment difficile.

– Je ne comprends pas, les résultats sont excellents.

– Le problème, c'est Daniel, il vient de nous faire une scène parce que nous avons maintenu sa rémunération au même niveau que l'an passé…

Silence de ma part. Je suis mal à l'aise. Marc reprend :

– Vraiment, je suis furieux, Daniel exagère… Vous comprenez, il gagne en euros ce que je gagnais en francs dix ans auparavant !

Marc poursuit son chemin en bougonnant, je l'entends répéter :

– Vraiment, il exagère !

Daniel paie pour ces années fastes. Il a été trop exigeant sur sa propre rémunération. Tant que tout allait bien, cette progression était tolérée. Après la crise, plus rien n'est acceptable. Pourquoi voulait-il gagner encore plus ? L'instauration de la transparence des rémunérations des dirigeants du CAC 40 rend intolérable à chacun de se situer au-dessous de la moyenne. L'inflation était permanente. Pourtant, Daniel est le petit-fils d'un garde-barrière de la SNCF. C'est un méritocrate républicain. Il a bien des défauts mais sa carrière a reposé sur sa force de travail et son talent. Ce n'est pas un héritier ou un mondain. Il ne faisait pas partie de clubs et n'a jamais été accepté dans la bande de Sarkozy ou celle de Michel Pébereau, Claude Bébéar et les autres.

J'organise la dernière interview de Daniel, il déclare : « Je pars pour protéger la Société Générale. » Dans son bilan, il insiste sur le développement de la banque dans les pays émergents, notamment ceux de l'Europe de l'Est. Sa fierté est d'avoir accompagné le développement de classes moyennes. La banque a permis de sortir des millions de personnes de la pauvreté. Je donne aux journalistes les chiffres clés entre 1997, date de la nomination de Daniel, et ceux de la fin 2008. Tout a été multiplié par trois : le chiffre d'affaires, les effectifs, la capitalisation boursière. Daniel a développé la Société Générale à marche forcée, durant des années. Malgré l'affaire Kerviel et la crise financière, elle n'a pas perdu un rang dans le classement mondial. Elle reste la dixième entreprise du CAC 40 par sa taille. Elle n'a pas eu à se faire nationaliser comme les banques anglaises, allemandes, néerlandaises ou américaines. Elle n'a pas été déficitaire une seule année.

Daniel démissionne de tous ses mandats et quitte la banque sans indemnités.

La tempête médiatique se calme immédiatement.

Le jour de son départ de la tour, je monte une dernière fois dans son bureau. Je n'ai plus en face de moi le président, mais un être humain seul, un peu désemparé au milieu de ses cartons. Nous bavardons une demi-heure sur ses projets, sans revenir sur le passé. Daniel est simple, attentionné.

Je ne peux m'empêcher de penser au costard d'arrogance dont l'ont affublé ses adversaires internes et externes pendant des années. C'est si loin de ce que j'ai vécu à ses côtés.

Frédéric Oudéa est nommé, quelque temps plus tard, P.-D.G.

À l'automne 2009, il décide de lancer une nouvelle augmentation de capital auprès des actionnaires de la banque pour rembourser immédiatement les titres subordonnés souscrits par l'État quelques mois auparavant. La crédibilité de la banque sur les marchés est restaurée. Ce prêt enrichit l'État : plus le temps passe, plus les intérêts grimpent.

Frédéric décide de prévenir l'Élysée avant le lancement de l'opération. Il a en mémoire notre silence durant l'affaire Kerviel, qui a coûté cher à Daniel. Le 5 octobre, le président de la République est confronté à des Français lors d'un déplacement. Ils lui reprochent d'avoir donné 640 milliards aux banques qui ont fauté. Nicolas Sarkozy leur répond que cet argent ne leur a pas été « donné », mais « prêté », et que cela rapporte beaucoup à l'État. Puis il ajoute, pour mieux convaincre :

– D'ailleurs, je peux vous dire qu'une autre grande banque que BNP Paribas va rembourser l'État cette semaine !

L'information sur l'augmentation de capital de la Société Générale sort ainsi en avant-première dans tous les médias, alors qu'elle devait rester confidentielle. Panique à l'Élysée, le service de presse tente de corriger le tir en laissant entendre qu'il s'agit du Crédit Mutuel, non coté en Bourse. Mais personne n'est dupe. Les investisseurs attaquent le cours de bourse de la Générale, pour que le prix de souscription soit plus avantageux.

En lisant les dépêches, je me dis que nous avions bien fait de ne pas prévenir l'Élysée, le 20 janvier 2008.

*

Ici, prend fin ce récit.
Voilà ce que j'ai vécu.

Épilogue

Ce livre a été écrit chaque soir, puis chaque week-end depuis le 20 janvier 2008. J'avais besoin de fixer cette histoire folle, comprendre l'incompréhensible. Je l'ai terminé à l'été 2009. Puis, j'ai glissé le manuscrit dans un tiroir en attendant la fin du procès du *rogue trader*, car je n'apporte aucune vérité judiciaire. C'est seulement ma vérité, celle d'un homme de communication placé par le hasard dans le cockpit d'une grande banque confrontée à la plus vaste fraude de l'histoire de la finance.

L'affaire Kerviel a été un cygne noir. Le trader a été un oiseau de malheur pour la Société Générale évidemment, mais il a annoncé aussi la crise financière de l'automne 2008, la première de l'ère post-NTIC (nouvelles technologies de l'information et de la communication), la plus sévère du capitalisme. Les marchés financiers sont interconnectés. Les automates traitent des milliards d'ordres à la nano-seconde. Le temps de réaction est devenu instantané et globalisé, l'information va désormais plus vite que le temps réel, plus vite que le temps humain. L'accélération est vertigineuse et fragilise l'ensemble du système. Par son ampleur et ses mécanismes, la fraude de Jérôme Kerviel, nous a dessillé les yeux. Cette fraude ne devait pas arriver, mais elle est advenue. Elle n'a pas fait imploser les marchés financiers de Tokyo à New York, mais elle aurait pu.

Cela fait trop de conditionnels.

Je n'ose imaginer un monde rationnel où les responsables politiques auraient rassuré l'opinion sur la solidité de la banque et attesté de sa bonne foi. Un monde où les médias n'auraient pas orchestré une fiction de série B mais étudié avec rigueur les communiqués de la banque, ceux de la Commission bancaire, de l'Autorité des marchés financiers, du rapport Lagarde, des commissaires aux comptes, des agences de notation, du comité spécial, constitué d'administrateurs indépendants, du rapport de Price Waterhouse et de l'ordonnance du juge d'instruction.

Je n'ose imaginer un monde où Jérôme Kerviel aurait cessé de distribuer des leçons de morale et de réforme du capitalisme, lui qui décuplait ses positions frauduleuses au moment même où il sentait que son système était mis à jour. Un monde où le vrai Jérôme Kerviel apparaîtrait, émergeant des mètres cubes des retranscriptions de ses tchats avec son broker, de ces milliers de messages abrégés, en langage SMS, de deux ados devant leurs Playstation où les « morts » étaient des pertes et les « chances de vie », des gains. Je n'ose imaginer des salles des marchés qui ne ressembleraient pas à ça, à ce jeu dérisoire et effrayant où les millions remplacent les robots vengeurs. Je n'ose imaginer un monde où Jérôme Kerviel se serait excusé une fois, rien qu'une fois, auprès de tous ceux dont il a pourri la vie pendant deux ans, après avoir mis en danger ses 160 000 collègues et tout le système financier mondial.

Je n'ose imaginer un monde où l'excellence, le souci du bien commun, l'intelligence, que j'ai si souvent rencontrés dans la banque et à la Générale (beaucoup plus qu'on ne le dit, immensément plus qu'on ne le croit), l'emportent définitivement sur l'arrogance, le goût de la richesse facile, la puérilité et la trahison, qui existent aussi dans cet univers, bien évidemment.

Le monde n'est pas rationnel. Les hommes ne sont pas parfaits.

Les réactions de Nicolas Sarkozy, de la plupart des responsables politiques du pays et celles de tous les experts proclamés sont irrationnelles mais humaines. Elles ont leur logique. D'ailleurs, l'évolution des marchés emprunte trop souvent aux mêmes émotions : comportement de moutons de Panurge, panique devant la crise, crédulité face aux rumeurs, focalisation sur les détails… Les analystes, les économistes, les investisseurs, particuliers et institutionnels, fonds souverains, caisses de retraite ou compagnies d'assurance sont, comme vous et moi, des êtres imparfaits. Ce que l'on appelle spéculation, c'est l'irrationalité de l'ensemble des acteurs économiques qui, par cycles et phases, s'auto-alimentent d'excès de confiance et de frayeurs. Tout le monde va dans le même sens en même temps. Les échelles sont devenues colossales. Les phénomènes de panique aboutissent à l'effondrement instantané des prix. Un dysfonctionnement informatique peut aboutir en quelques secondes à l'effondrement de Wall Street.

On aura beau raisonner avec des milliers d'indicateurs, réformer les agences de notation, taxer les banques, limiter la spéculation, renforcer leurs exigences en capital, stresser les tests, la vie sera toujours faite de milliards d'émotions. Il faut sûrement penser à un monde différent, plus juste, à une autre organisation de la finance. C'est même vital.

Mais une chose est sûre : les cygnes noirs n'ont pas fini de nous surprendre.

Table

RÉALISATION : NORD COMPO À VILLENEUVE-D'ASCQ
IMPRESSION : CPI BRODARD ET TAUPIN À LA FLÈCHE
DÉPÔT LÉGAL : OCTOBRE 2013. N° 114360 (3002121)
IMPRIMÉ EN FRANCE

Éditions Points

Le catalogue complet de nos collections est sur Le Cercle Points, ainsi que des interviews de vos auteurs préférés, des jeux-concours, des conseils de lecture, des extraits en avant-première…

www.lecerclepoints.com

DERNIERS TITRES PARUS

P3096. Le Livre du désir. Poèmes, *Leonard Cohen*
P3097. Autobiographie des objets, *François Bon*
P3098. L'Inconscience, *Thierry Hesse*
P3099. Les Vitamines du bonheur, *Raymond Carver*
P3100. Les Trois Roses jaunes, *Raymond Carver*
P3101. Le Monde à l'endroit, *Ron Rash*
P3102. Relevé de terre, *José Saramago*
P3103. Le Dernier Lapon, *Olivier Truc*
P3104. Cool, *Don Winslow*
P3105. Les Hauts-Quartiers, *Paul Gadenne*
P3106. Histoires pragoises, *suivi de* Le Testament *Rainer Maria Rilke*
P3107. Œuvres pré-posthumes, *Robert Musil*
P3108. Anti-manuel d'orthographe. Éviter les fautes par la logique, *Pascal Bouchard*
P3109. Génération CV, *Jonathan Curiel*
P3110. Ce jour-là. Au cœur du commando qui a tué Ben Laden *Mark Owen et Kevin Maurer*
P3111. Une autobiographie, *Neil Young*
P3112. Conséquences, *Darren William*
P3113. Snuff, Chuck *Palahniuk*
P3114. Une femme avec personne dedans, *Chloé Delaume*
P3115. Meurtre au Comité central, *Manuel Vázquez Montalbán*
P3116. Radeau, *Antoine Choplin*
P3117. Les Patriarches, *Anne Berest*
P3118. La Blonde et le Bunker, *Jakuta Alikavazovic*
P3119. La Contrée immobile, *Tom Drury*
P3120. Peste & Choléra, *Patrick Deville*
P3121. Le Veau suivi de Le Coureur de fond, *Mo Yan*
P3122. Quarante et un coups de canon, *Mo Yan*
P3123. Liquidations à la grecque, *Petros Markaris*

P3124. Baltimore, *David Simon*
P3125. Je sais qui tu es, *Yrsa Sigurdardóttir*
P3126. Le Regard du singe
Gérard Chaliand, Patrice Franceschi, Patrick Gambache
P3127. Journal d'un mythomane. Vol. 2 : Une année particulière
Nicolas Bedos
P3128. Autobiographie d'un menteur, *Graham Chapman*
P3129. L'Humour des femmes, *The New Yorker*
P3130. La Reine Alice, *Lydia Flem*
P3131. Vies cruelles, *Lorrie Moore*
P3132. La Fin de l'exil, *Henry Roth*
P3133. Requiem pour Harlem, *Henry Roth*
P3134. Les mots que j'aime, *Philippe Delerm*
P3135. Petit Inventaire des plaisirs belges, *Philippe Genion*
P3136. La faute d'orthographe est ma langue maternelle
Daniel Picouly
P3137. Tombé hors du temps, *David Grossman*
P3138. Petit oiseau du ciel, *Joyce Carol Oates*
P3139. Alcools (illustrations de Ludovic Debeurme)
Guillaume Apollinaire
P3140. Pour une terre possible, *Jean Sénac*
P3141. Le Baiser de Judas, *Anna Grue*
P3142. L'Ange du matin, *Arni Thorarinsson*
P3143. Le Murmure de l'ogre, *Valentin Musso*
P3144. Disparitions, *Natsuo Kirino*
P3145. Le Pont des assassins, *Arturo Pérez-Reverte*
P3146. La Dactylographe de Mr James, *Michiel Heyns*
P3147. Télex de Cuba, *Rachel Kushner*
P3148. Promenades avec les hommes, *Ann Beattie*
P3149. Le Roi Lézard, *Dominique Sylvain*
P3150. Scènes de la vie quotidienne à l'Élysée, *Camille Pascal*
P3151. Je ne t'ai pas vu hier dans Babylone
António Lobo Antunes
P3152. Le Condottière, *Georges Perec*
P3153. La Circassienne, *Guillemette de Sairigné*
P3154. Au pays du cerf blanc, *Zhongshi Chen*
P3155. Juste pour le plaisir, *Mercedes Deambrosis*
P3156. Trop près du bord, *Pascal Garnier*
P3157. Seuls les morts ne rêvent pas.
La Trilogie du Minnesota, vol. 2, *Vidar Sundstøl*
P3158. Le Trouveur de feu, *Henri Gougaud*
P3159. Ce soir, après la guerre, *Viviane Forrester*
P3160. La semaine où Jérôme Kerviel a failli faire sauter
le système financier mondial. Journal intime
d'un banquier, *Hugues Le Bret*